ローソン

LAWSON STATION

小川孔輔

LAWSON

PHP

プロローグ

２０１５年4月のある日のこと。

「プルルルル、プルルルル、プルルルル」

研究室の電話の呼び出し音が、３回鳴った。いつもであれば、秘書の福尾美貴子が電話に出るのだが、その日は休みだった。

市ケ谷キャンパスにいても、学内をあちこち動き回っている。ＰＣでメールをチェックしたり返信する以外は、机に向かっていることがほとんどない。研究室のデスクで電話を受けるのは、極めて珍しい出来事だった。

「もしもし、法政大学、小川です。どちら様でしょうか？」

受話器の向こうから聞こえてきたのは、女性の声だった。

「小川先生でいらっしゃいますか。株式会社ローソン社長秘書の澤田と申します。当社の玉塚《たまつか》が先生とお話ししたいとのことです。本人に代わりますので、よろしくお願いします」

ローソンの玉塚元一《げんいち》社長からだった。12年振りで聞く、懐かしい声である。用件はなんだろう？

「元ユニクロの玉塚です。その節はお世話になりました。先生、今よろしいでしょうか？　先日、先生が書かれた『マクドナルド　失敗の本質』を読ませていただきました。ご本の内容と分析、すごく感動しました。一度、ゆっくりとお話をと思い、突然ですが連絡をさせていただきました」
2002年に、ユニクロの柳井正《やないただし》社長に乞われて、玉塚さんはファーストリテイリングの代表取締役社長に就任した。その3年後に、いったんは会長に退いた柳井さんが社長に復帰して、玉塚さんはユニクロを去ることになる。[注1]
会長時代の柳井さんには、法政大学の経営大学院で一年間だけ客員教授をお願いしたことがあった。その関係で、柳井さんが玉塚社長をわたしに紹介してくれたのだった。2003年当時、ファーストリテイリングの東京本部は、渋谷のマークシティ内にあった。3人で、近くのレストランでランチをしたのが最初だった。

再会してからは、電話やメールで親しく連絡を取り合うようになるのだが、そのときの玉塚さんはとても静かな方に見えた。柳井さんが目の前にいるからだったかもしれない。
とはいえ、玉塚さんは思い立ったらすぐに行動に移すタイプの人間である。元ラガーマンで、爽やかな即断即決の人。彼のことを悪く言う人には、会ったことがない。
研究室に電話をもらったその翌週だったと思う。わたしは、品川区大崎の本社で、ローソンの経営陣とミーティングをもっていた。そのときすでに、2015年2月に発売されていた拙著『マクドナルド　失敗の本質』（東洋経済新報社）が、役員たちの課題図書に指定されていた。[注2]
本社ビルの会議室で、4人の上席経営陣が丸テーブルを囲んで座っていた。社長室長で広報担当の宮崎純常務、経営戦略担当の今田勝之常務、ローソンストア１００と成城石井事業本部長の河原成昭上級執行役員、そして、社長の玉塚さんだった。

この日からわたしの私的な「ローソン応援プロジェクト」がスタートした。

玉塚さんは、前任者の新浪剛史《にいなみたけし》氏（現・サントリー会長）の後継者として、ローソンの社長に就任したばかりだった。新天地で、コンビニ経営のヒントを求めていたはずである。学者のわたしには、ビジネスモデルが揺らいでいる日本マクドナルドのように、ローソンの経営を俯瞰《ふかん》して分析してほしかったのだと思う。

ふたりの間で、明確な約束事があったわけではないが、そのように理解していた。ただし、応援団のひとりとして名乗りを上げたのは、玉塚さんの人柄に絆《ほだ》されてのことだけではなかった。初対面ながら、３人の幹部社員の方たち（宮崎さん、今田さん、河原さん）と話してみて、フランクで温かなローソンの社風が、一遍で好きになったからだった。

皆さんからのリクエストと期待に応えてみよう。そして、いつの日か、ローソンの改革をテーマにした本を上梓《じょうし》しようと考えるようになっていた。

今わが家の書斎にある机の引き出しから、３年分（２０１５年～２０１７年）の手帳を取り出して眺めている。玉塚さんが社長に在任中の、わたし個人のスケジュールが記されている。

再会の日は、わが手帖に日付の書き込みを見つけることができなかったが、５月以降は、ローソンへの訪問記録がすべて残されている。インタビューやセミナー、社内行事にわたしが参列した日などは、今でも具体的な日時を特定できる。

玉塚さんと番頭の宮崎常務（当時、広報室長兼社長室長）からは、社員の皆さんへの聞き取りや現場での取材活動を支援していただいた。例えば、全国各地の店舗訪問やオーナーさんへのインタビュー、ローソンファームの現場取材や社長会への出席などは、トータルで100回は超えているだろう。

ナチュラルローソンで実施されたフィールドワークでは、商品開発やプロモーション企画に至るまで、わたしのゼミ生たちが社員の皆さんから親切に指導を受けている。また、2014年に買収した成城石井の経営については、生え抜きの原昭彦社長（当時）と前社長の大久保恒夫氏（現・西友社長）との会食の場を設けていただいた。イトーヨーカドー時代に大久保氏と同期だった河原さんには、その場に同席していただいている。

2015年6月、ローソンは創業40周年を迎えていた。創業記念日から少し遅れて、11月24日に記念行事が開催された。基調講演者として、ローソンを代表して玉塚社長が登壇した。講演のテーマは、「1000日全員実行 次世代CVSモデルの構築」だった。

その日、パレスホテル東京は、異常なくらいの熱気に包まれていた。一番後ろの席から、わたしは玉塚社長の講演を聴いていた。

その場は、社員一丸となって企画した「1000日全員実行プロジェクト」のお披露目の場でもあった。その後のインタビュー（2024年4月19日）で、わたしは玉塚さんから経営を引き継いだ竹増貞信《たけますさだのぶ》社長から、プロジェクトの背景について説明を受けることになった。

「2017年から2018年にかけて、店舗システムも含めてシステムを総入れ替えするというプロジェクトでした。わたしから玉塚さんに、色々な進言をしていました。こういうことを3年間でやりましょう。開発はこう、商品はこう、営業はこう、システムはこう。全体の仕組みを効率化できるようなオペレーションにしましょうと。それを受けて、『3年中計』みたいな感じで、玉塚さんがあの場で発表されたという経緯があります」（竹増）
当時のわたしは、年間2、3本のペースで、月刊誌『新潮45』に企業経営の失敗や各業界の経営課題を取り上げる記事を執筆していた。2016年末の記事では、コンビニエンスストア業界を取り上げることになっていた。その際、ローソンの「1000日全員実行プロジェクト」のアイデアを借用することにした。
3年間（156週）で、ローソンがセブン‐イレブンを凌駕《りょうが》するための条件を試算してみたのである。その答えは、日販《にっぱん》（コンビニ1店舗あたりの1日の売上）で約10万円、来店客数で約160人の両社の開きを、3年間で毎週700円（セブンの客単価）だけ、ローソンが1店舗当たりの売上を増やしていけばよい、だった。あるいは、ローソンがセブンから、1店舗で毎週1人の顧客を奪うことで、目標は達成できた。
ローソンには、それを叶えるための飛び道具が揃っていた。青ローソン、ナチュラルローソン、ローソンストア100、成城石井の4つの業態。そして、マネジメントオーナー制度やローソンファーム、ローソンエンタテインメント、ローソン銀行など、本体を支えるための諸組織が準備されていた。

全8頁の論考「ローソンがセブン‐イレブンを超える日」は、『新潮45』の2017年新春号（2016年12月18日発行）に掲載された[注3]（巻末に付録で掲載）。わたしは、記事論文をベースに書籍化に持っていくつもりだった。しかし、見通しは甘かった。出版の目論見《もくろみ》はもろくも崩れ去った。

「ローソンがセブン‐イレブンを超える日」の発表後に同誌に掲載された、LGBTが揶揄《やゆ》された記事の一件に関連し、『新潮45』が休刊になってしまったのだ。まずは出版社を探す必要が生まれた。さらに、ローソンを支援する立場からは、悪いことが重なってしまった。

2016年に、三菱商事がローソンへの出資比率を33・4％から50・1％に高めて、ローソンを子会社化することを発表した。同時に、三菱商事出身の竹増副社長が社長に昇格して、玉塚さんは会長となった。そして翌2017年の6月、玉塚会長はローソンを辞し、ハーツユナイテッドに移ってしまった。

玉塚社長から社長を継承した竹増時代のローソンも、経営面では苦戦が続いた。竹増社長の進言から始まった「1000日全員実行プロジェクト」（2016年～2018年）は、やむなく事実上、中断することになった。コンビニ業界を巡る経営環境にも逆風が吹き始めていた。

2018年からの「24時間問題」（夜間営業）、「フードロス批判」（廃棄ロスと値引き抑制問題）、そして2020年のコロナ禍《か》（緊急事態宣言）などで、ローソン本の出版どころではなくなっていた。

業績の悪化で、2016年に1万円を超えていた株価（直近10年間の最高値、10280円）が、2022年には5000円を大きく割り込んでいた（最安値、4210円）――。

CONTENTS

ローソン

第2章 日本最北端の地への進出

第3章　グリーンローソン――4つの社会実験

第4章　女性初のカンパニープレジデント誕生

第5章 ロールケーキを切り刻むスイーツ開発リーダー

第6章 驚きのパンツを作れ！

第7章　若き貴公子の挑戦

第8章 美容師さん、コンビニのオーナーになる

第9章　番頭とご意見番

第11章　アバターで新しい働き方を創る

第12章 地域の生活文化を守る

第1章 競争の舞台を変える

1 2023年度決算説明会

史上最高の決算

2024年4月11日、午後3時30分。株式会社ローソンの「2023年度決算説明会」が終わった。まるでべた凪《なぎ》の浜辺から、静かに潮が引いていくようだ。会場の不思議な静けさを、わたしはそのように受け取っていた。

ベルサールの会議室に臨席していたのは、新聞・雑誌の記者たち、テレビ局の報道カメラマンなど約50名。社長・竹増の決算報告に対して、5名ほどの記者が簡単な質問をして、短時間で波乱なく決算説明会は終わった。

2023年度はローソンにとって史上最高の好決算になった。2018年2月期からコロナ期の2021年2月期にかけて、ローソンの業績は低迷していた。ところが、コロナ明けで人流が回復したこともあって、わずか1年（2022年2月期~2023年2月期）で同社の業績が急回復していた。２０００年の東証一部上場以来のことだった。

ローソンの場合は、コロナ期の落ち込みが極端だった。だからなのか、他社に比べて回復が際だって見えた。２０２３年度の急速な業績改善は、投資家からは驚きの目で迎えられていた。決算内容を紹介してみる。


今期は、ＲＯＥ（自己資本利益率）が初めて15％を超えた。なんと驚きの19・５％。事業利益の９４０億円は7期ぶりで史上最高を記録した。業績がボトムだった２０２０年度は、減損があったとはいえ、事業利益は４０８億円に沈んでいた。

V字回復を牽引していたのは、国内コンビニの３つのカテゴリーである。最大の貢献は、「ファストフード・厨房」で、２０１９年比で＋１１３％。２番目は、「日雑品」で＋１１４％。続いて、３番目が「デリカ・日配・冷食」で＋１１０％。

個々の商品というより、２０２１年にスタートした「ローソングループ大変革実行委員会」のプロジェクトで、会社の仕組みが根本から変わり始めたからだった。平均日販は、通期で対前年比＋１０４・６％。日販の目立った改善は、「ハピろー！キャンペーン」などの販促効果や「店舗理想形追求プロジェクト」、無印良品の導入によるものだった。

日販の伸長は、適切なコスト管理も浸透して、加盟店オーナーに収入の大幅な増加をもたらした。都内でナチュラルローソンなど35店舗を経営している余田利通オーナーに、決算説明会の翌日に電話で尋ねてみた。余田オーナーは、２０１８年頃からフードロスの削減に積極的に取り組んでいる（第10章2節参照）。

「好決算でオーナーさんたちは、ものすごく儲かっているらしいですね」とのわたしの問いに、余田オーナーは上機嫌で答えてくれた。「小川さん、金額ははっきりと申し上げられませんが、今年のわが社も過去最高益です。社員にボーナスが弾めますよ」だった。

淡々と決算結果を読み上げる竹増

並みの経営者であれば、好業績の決算に狂喜乱舞するところだろう。しかし、冷静な竹増は、いつもと変わることなく、ローソンの経営実績を数値で淡々と読み上げていく。その姿を見ながら、「KDDIによるローソン株のTOB（公開買い付け）が本当に正しい判断だったのだろうか」と、わたしは複雑な思いでスライドの進行を目で追いかけていた。

7月下旬には、TOBが成立する見通しになっている。決算説明会の翌月（5月21日）に、最後の株主総会が開かれる。その場で、ローソンは非公開企業になることが確定する。株主は三菱商事とKDDIだけになり、少数株主はひとりもいなくなる。

親しくなったローソン社員やフランチャイズ（FC）・オーナーたちの気持ちについて、わたしは思い巡らしていた。株式の非公開化は、社員やFCオーナーと顧客の距離を遠いものにしてしまうかもしれない。それとなく尋ねてみると、社員もオーナーもどこか寂しい思いをしていることがわかった。

そこには、自社の将来に対する不安もあっただろう。しかし何人かの幹部社員で、とりわけ後述する大変革実行委員会の活動に従事している若手メンバーは、わたしにきっぱりと答えてくれた。

図表1-1　「ローソン・タウン」構想

「ＫＤＤＩだろうが、三菱商事だろうが、誰が株主になろうとローソンはローソンです。自分たちのやるべきことが変わるわけではないです」

決算の発表会見は、約30分であっけなく終わった。

ただ、わたしの目は、決算資料の最終頁のスライドに釘付けになっていた。手元の配付資料には、これまで見たことがないポンチ絵が描かれていた（図表１－１）。２０２１年以降、竹増の頭の中で熟成されてきていた「ローソン・タウン」構想（ローソンを中核にした未来のマチの姿）だった。

朝日新聞出版の『ＡＥＲＡ』に、竹増がコラムを連載していることは知っていた。帰宅してから検索してみると、「ローソン・タウン」構想についてのインタビュー記事が見つかった。

「ローソンがその町で暮らす人たちの生活の『ハブ』（中核）になる。そんな未来も描けるのではないかと。いわば『ローソン・タウン』構想です。ローソンを中心にして、町のみんながリアルでもリモ

ートでもつながりあい、支え合いながら暮らしていく」[注4]
このことは、本章の最後で、再び取り上げることにする。

三度目の正直――KDDIのTOB

説明会の会場で、日本経済新聞社の田中陽編集委員の姿を見かけた。

お互いに会場の中ほどの席に座っていたので、わたしは田中さんのところに歩み寄った。2月6日のKDDIのローソンTOB発表以来、田中さんは解説記事を発表していた。わたしは記事に対する感想を述べた。

田中さんの見解は、「ローソン、歴史を繰り返すな　既視感のあるKDDI会見」（『日本経済新聞』2月10日号）に掲載されている。[注5]

田中さんの言う「繰り返す歴史」とは、三菱商事によるローソンの経営に対するテコ入れの歴史のことを指している。最初が、ダイエーから経営権を取得して株式公開した時。2度目が、2017年に株式持ち分比率を50・1％に増やして、ローソンを子会社にしたタイミングだった。どちらも「ローソンの経営にテコ入れして、経営実績を飛躍的に伸ばしていく」という約束は守られなかったという批判である。

そして、今回が3度目。KDDIによるローソンのTOBで、三菱商事とKDDIの出資比率が半々になる。三菱商事によるテコ入れを、「三度目の正直にしてほしい」という論旨だった。田中さんの意見を、わたしはきびしくも愛情のこもったコメントと受け止めていた。

なお、わたしの見解は、次のようなものだった。やや長くなるが、個人ブログから関連する部分を引用してみる。[注6]

三菱商事の立場からは、25年に及ぶローソンのコンビニ経営へのコミットメントが、正念場に差し掛かっていることがわかる（田中陽氏の指摘を参照）。わたしの推論は、最終コーナーで三菱商事が、DX（デジタル・トランスフォーメーション）を通して業績向上へのチャンスがありそうなKDDIを、ローソンの経営に巻き込もうとしたのだと考える。

KDDIは、内部留保は潤沢ではあるが、現状は必ずしも投資機会に恵まれているとは言えない。競合のドコモも、同様な立場にある。かつては、食品宅配の「らでぃっしゅぼーや」や料理教室の「ABCクッキングスタジオ」を、直近では、調査会社の「インテージ」を買収しているが、M&Aでは目立った成果が上げられていない。

TOBのニュースリリース後に、ある事実が明らかになった。

今回のローソン株に対するTOBには、当初はENEOSが20％出資して参加することになっていた。しかし、このスキームがとん挫したのは、ENEOS側の不祥事が原因だった。考えてみればわかることだが、TOBの計画当初は、三菱商事（50％）、KDDI（30％）、ENEOS（20％）の共同経営が想定されていたのである。つまりマジョリティは、これまで同様に商事が握り続けるというものだった。

したがって、破談後の決定についても主導権を握っていたのは、現時点でローソン株の約半分（50・1％）を保有している三菱商事の立場だったと想定できる。暗黙の答えは、三菱商事がＥＮＥＯＳの出資分（20％）を追加取得しなかった判断にあるとわたしは考える。

やや話は飛躍してしまうかもしれないが、その証拠が本日発表された「（三菱商事が保有する）ＫＦＣ株の全株式売却」の報道にある。[注7]報道によれば、ＫＦＣ株売却の狙いは、出資先の入れ替えにあるとの説明がなされている。そうだとすると、ローソン株は、三菱商事にとっては、「現状維持（中立）」の位置づけになっていると推論できる。

2　セブン‐イレブンの隠された競争優位の源泉

セブンとローソンの日販格差

決算説明会の後、いつものように隣室に移動して、竹増を囲んでの記者会見に移った。田中さんとわたしは、囲みの記者たちから少し離れて、立ち話をすることになった。

「なんで、セブンとローソンの日販がここ20年間、縮まらないのですか？」とわたしが田中さんから質問を受けたのだった。わたしが２０１６年に発表した「ローソンがセブン‐イレブンを超える日」を田中さんは読んでいたからである。

２０１６年、セブン‐イレブンとローソンの日販格差は約10万円だった。ところが、２０２３年度決算では、その差が縮まるどころか、むしろ開いている。セブン‐イレブンの69・１万円に対して、ローソンは55・６万円。日販の格差は13・５万円である。ローソンの２０２３年度が史

上最高の好決算だったにも拘《かか》わらず、である。[注8]
経営戦略論のテキストでは、**「先駆者利益」**という概念が最初に登場する。革新的な新商品やサービスを最初に市場に投入した企業（例えば、セブン‐イレブン）が、二番手以下の企業（ローソンやファミリーマート）に、市場シェアで追い抜かれることはめったに起こらないという理論である。実証研究でも、先駆者優位の仮説は、ほとんどの事例で正しいことが確証されている。[注9]
リーダー企業に有利に働く要因としては、**①希少資源の先取り、②消費者の心の中にある「参入障壁」、③製品企画の決定や特許技術などの囲い込み**、などなど。先に市場に参入した結果、リーダー企業は二番手以下の企業にやすやすとシェアを奪われることはない。[注10]

先駆者優位の理論

わたしは田中さんに、「両社の日販格差は、初期値（先駆者利益）で説明できるのではないですか」とまずは答えておいた。セブン‐イレブンの創設が１９７３年で、ローソンは１９７５年である。事業のスタートはわずか2年の差だが、ビジネスを始めたタイミングとその時の種々の条件が違っていた。

①〈希少資源の先取り〉
セブン‐イレブンの場合、酒販店や米穀店からコンビニに転業した「商売上手な商人たち」（希少資源）を先に囲い込むことができた。コンビニ向けの商品開発に協力をしてくれるベンダーも、ビジネスへの取り掛かりが早いほど有利になる。

後から市場に参入する二番手以下の企業は、優秀なコンビニ経営者や協力的なベンダーを確保することがむずかしい（先駆者優位の理論）。
②〈心理的な参入障壁〉
「日本で2番目に高い山はどこか？」と問われたとき、北岳と答えることができる人は10人にひとりもいないだろう。さらに、「北岳の標高は？」と聞かれたら、3193メートルと正確に答えられる人は、よほどの登山愛好家に限定される。しかし、日本最高峰の富士山の標高が3776メートルであることは、わたしでも答えることができる。

同様なことが、コンビニのことを人々が話題にするときに起こっている。知らず知らずのうちに、コンビニと言えば、セブン‐イレブンの看板と商品・サービスを思い浮かべる。ローソンやファミマの商品・サービスは、セブンの模倣品くらいに思ってしまう。PB（プライベート・ブランド）の本物は、「セブンプレミアム」に限るのである（ステレオタイプ仮説）。
③〈製品企画の決定〉
先駆者にもう一つ有利な条件がある。それは、市場に投入された最初の商品（ブランド）が、その後の開発の方向性を決めてしまうことである。特許技術などの情報が開示されていないとき、二番手以降の企業は商品を簡単には模倣できなくなる。

コンビニの業界でも、長らく最初に新しい商品やサービスを始めたのは、セブン‐イレブンとタッグを組んだメーカーの協業チームだった（チーム・マーチャンダイジング）。また、情報システムの仕様を決めてきたのは、セブン‐イレブンとNEC・野村総研のチームだった。[注11]

天才、鈴木敏文の存在

しかし、わたし自身は、もっと根本的な理由は別にあると考えている。

新浪社長時代からの約20年間で、ローソンがセブンに追いつけなかった最大の理由は、ある人物の存在である。天才マーケター、鈴木敏文氏のパーソナルなメディア戦略が、セブン‐イレブンのビジネスを強固なものにしたのである。もう少し詳しく解説してみる。

「日本のコンビニの父」と呼ばれる鈴木氏は、単にコンビニというシステムを「発見」しただけではなかった。実は、その後が大切だった。自身が先頭に立って、コンビニの仕組みとビジネスの革新性を宣伝し、会長を退任する２０１６年まで、生活者に向けて「情報発信」を続けてきたのである。実際の例を挙げてみよう。例えば、

①　**新商品の弁当がどのような着想から開発されたのか？**
②　**それまでメーカー別だった物流システムが、温度帯ごとの共同配送システムに組み直された経緯は？**
③　**情報システムにいくら費用がかかっても、時代とともに進化させてきたのはなぜか？**

こうした情報の発信源は、鈴木氏（セブン‐イレブン）の社長室である。

一般の消費者でも、新聞やテレビに登場する鈴木氏の説明で、セブン‐イレブンの弁当が美味しいことの理由を説諭《せつゆ》されてきたわけである。他社の弁当のユニークさや美味しさは、鈴木氏の弁舌でかき消されてしまうのだった。

鈴木氏は、稀代《きだい》のビジネス・プロモーターであり、プロデューサーだったのである。鈴木氏の

著書の点数を数えてみよう。『挑戦 我がロマン：私の履歴書』をはじめとして、全部で52冊になる。雑誌のインタビュー記事などはカウントできないくらい多い。[注12]
わたしからは、田中さんに返したい言葉があった。それは、田中さん自身が著書『セブン‐イレブン 終わりなき革新』や論説記事を通して、鈴木氏の理論と実践を紙面で紹介することで、セブン‐イレブンのプロモーション活動を結果として後押ししてきたことである。[注13]また、わたしの仲間の学者たちも、セブン‐イレブンの競争優位性を強調すること、そのこと自体でセブン‐イレブンの売上に貢献してきたのである。[注14]
一般には、「ある特定の人物が競争優位の源泉である」と主張することは、当たり前すぎることかもしれない。たしかにそうなのだが、この隠れた事実を忘れてはならないと思う。事業の優位性を反転させるヒントが、そこに隠されているからである。
それでは、この先、ローソンはどのように、20年来の日販格差を克服できるのだろうか？ わたしは竹増に、田中さんからのわたしへの問いをそのまま投げかけてみた。

3 竹増の内省と行動

セブンを意識しすぎた

竹増へのインタビューの記録を、ここで再現してみる。

わたしからの問い掛けは、「決算説明会の時に、日経の田中陽さんから、『セブンとローソンの日販って、20年間ほとんど縮まってないですよね。どうしてだと思います？』という質問を受けました。竹増さんなら、どんなふうにお答えになりますか？」だった。

実際に、皆さんに聞いてみたいと思います。特に田中陽さんはずっとコンビニを見られていますね。その要因や原因を、どういうふうに考えられているのかなと。

それで、わたしが答えるとすれば、「セブンを見すぎたのではないか」と思います。わたしが（三菱商事から）来た頃、10年前ですけれども、「セブンと同じことをしていてもだめだった」とか「セブンはこうしてるぞ」とか、そういう発言や言葉が幹部から多かったのです。セブンを見て商売を考えたり、自分たちでやるべきことを考えたり。セブンをすごく意識していたんじゃないかなと。先生から質問を受けてそう思いました。

それでは、自分自身はどうだったか。その時（副社長時代）、わたしは開発を主に担当していたのですが、やっぱりセブンが出す店の数を意識して自分たちの出店の数を決めていました。「セブンはいくつ出すんだ」「じゃあうちはいくつだ」「今度セブンが来るぞ」とか。今から思うと、そんな意識の真ん中にセブンがあったのですよね。結局は、見るべきところを間違っていたと思います。意識すればするほど、それ以上にはなれないので、セブンがやってないことをやろうと。

ローソンの書籍を書くため、7年以上にわたって現場で取材を続けてきた。良い悪いは別にして、意識の在り方として、「セブンを何で真似ないんだ」という意見を、ローソンの社員の皆さんから聞くことが多かった。しかし、ここにきて「それは全然違っていたのではないか」という発言が社員の中からも出てくるようになった。竹増がメディアで発信を始めた頃からで、わたし自身が仕切り直しで取材を再開してから2、3年が経ったくらいの時からだった。

柳井正の著作を繰り返し読む

2020年4月、コロナ禍で緊急事態宣言が出された。外出ができなくなった竹増の机の上には、1冊の本が置かれていた。愛読書の柳井正著『経営者になるためのノート』（PHP研究所）である。

竹増が三菱商事からローソンに移籍してきた前年の、2015年に出版された本である。副社長の時に購入して読んでおり、社長に就任した2016年にも、同書を読み返していた。何かを考えている時、自身の決断のヒントが欲しくなった時に、いつも柳井氏の本のページをめくることが習慣になっている。

この本の特徴は、ノート形式になっていることである。欄外に罫線を引いた空白のスペースがあって、読後感や思いついたアイデアを自由に書き込みできる。「竹増ノート」には、手書きでびっしりと書き込みがしてあるという。

柳井氏の本の第2章「儲ける力」には、次のような言葉が登場する。[注15]

・全てを「お客様のために」徹する

・商売の原点。それは、「お客様のために」です。
・「会社は誰のためのものか」と聞かれたら、「お客様のため」というのが本質です。
緊急事態宣言は、5月になって解除になった。そこからは、お客様の様子を見たり、加盟店さんの声を聞いたりするため、竹増は都内の店舗を見て回った。その時にふと、あることに気がついた。

「ぼくらは誰のために、こんなに一所懸命に働いているのだろう。そこのところが明確になっていなかった。柳井さんが言う『お客様のためにすべてがある』というシンプルな思考法を忘れていたのではないのか」（竹増）

「僕らはセブンを見ていた。セブンはお客様を見ていた」


コロナ前までは、コンビニという明確な業界があった。競争はその中で行われていた。各社は、身近な競争相手を見ているだけで事足りていた。

しかし、コロナになって、商売敵《がたき》だと思っていなかった、弁当屋や惣菜店が競合になった。全く異なる業態だと考えていたスーパーやドラッグストアも、すぐ近くの競争相手に変わった。業界の垣根がなくなってしまったのである。

コロナで、お客様の生活が根本から変わってしまった。「もう一度ローソンを見つめ直さないといけない」と竹増は思った。柳井氏の本を読み直して、「すべてはお客様のためにある」という言葉に触発されて、消費者の声を聞き、店舗を見て歩いた後に、到達した答えは明確だった。

「お店も、商品も、本部も、加盟店さんも、すべてがお客様のためにある。お客様のためになることを一所懸命に考える。そのような思いが、僕らには足りていなかったのではないか」。そして、それに続いて出てきた言葉が決定的だった。
「僕らはセブンを見ていた。しかし、セブンはお客様を見ていた。そこのところが根本的に違っていた」（竹増）
２０２０年の秋までに、竹増は、自分の手書きのノートに、「僕ら（ローソン）がやるべきこと、僕らに足りないこと、あるいは僕らが優れている点」などを整理して、簡潔な起案書を作成した。経営幹部と相談しながら、自らが書き溜めたメモを元に、公式に立ち上げたのが、「ローソングループ大変革実行委員会」だった。
それは、玉塚社長時代（２０１６年）に中断してしまった「１０００日全員実行プロジェクト」の再始動だった。２０２０年９月に、大変革実行委員会がオーソライズされた。

4 「ローソングループ大変革実行委員会」の発足

10個のプロジェクトが動き始める

最初の会合で、３枚組の紙が配付された。

１枚目の資料の右上には、「マチの幸せを創造するためのストーリー　Challenge 2025」とい

図表1-2　ローソングループ大変革実行委員会のマイルストーン

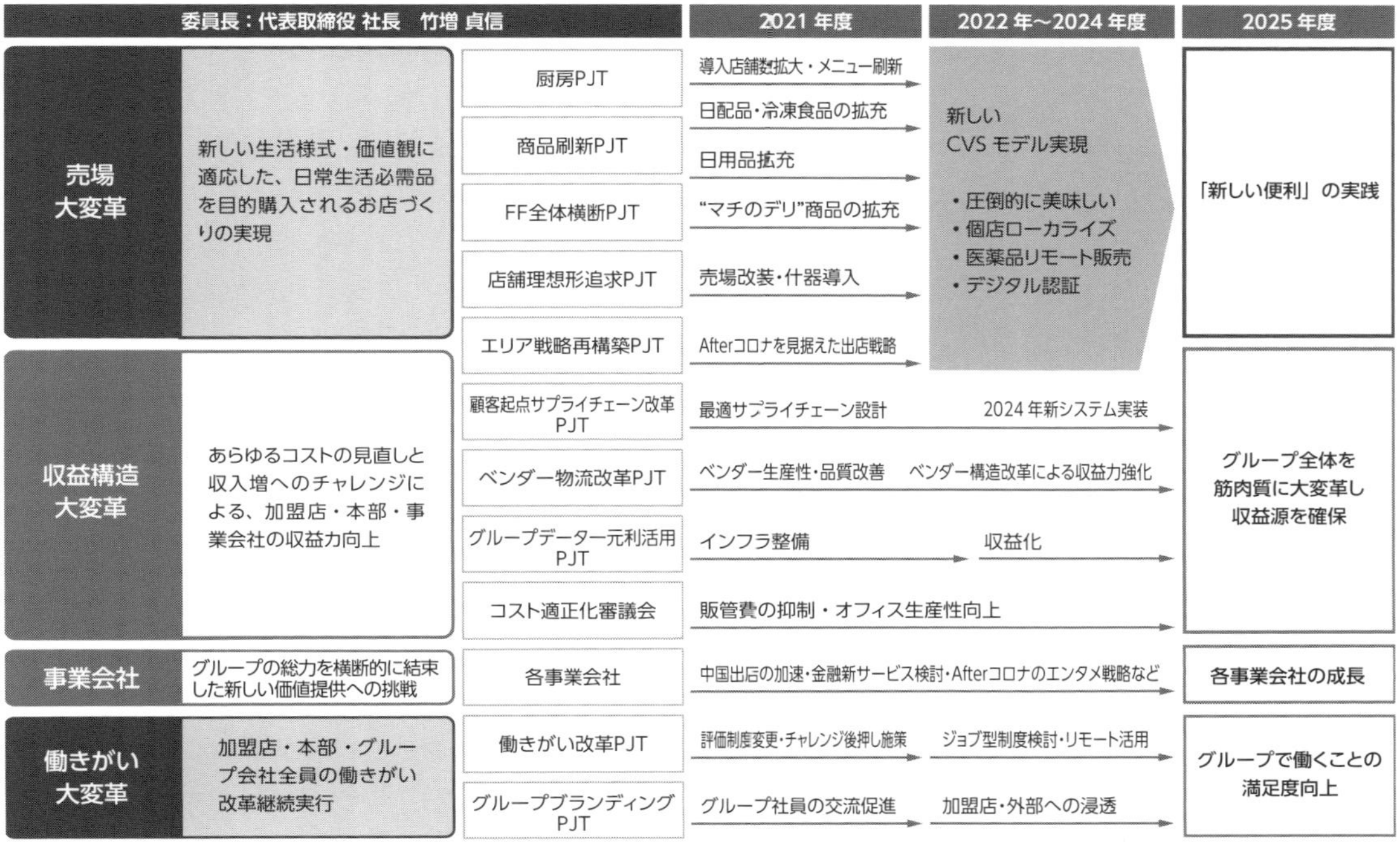
委員長：代表取締役 社長　竹増 貞信
2021年度
2022年～2024年度
2025年度
売場
大変革
新しい生活様式・価値観に適応した、日常生活必需品を目的購入されるお店づくりの実現
厨房PJT
導入店舗数拡大・メニュー刷新
商品刷新PJT
日配品・冷凍食品の拡充
日用品拡充
FF全体横断PJT
“マチのデリ”商品の拡充
店舗理想形追求PJT
売場改装・什器導入
エリア戦略再構築PJT
Afterコロナを見据えた出店戦略
新しい
CVSモデル実現
・圧倒的に美味しい
・個店ローカライズ
・医薬品リモート販売
・デジタル認証
「新しい便利」の実践
収益構造
大変革
あらゆるコストの見直しと収入増へのチャレンジによる、加盟店・本部・事業会社の収益力向上
顧客起点サプライチェーン改革PJT
最適サプライチェーン設計
2024年新システム実装
ベンダー物流改革PJT
ベンダー生産性・品質改善
ベンダー構造改革による収益力強化
グループデーター元利活用PJT
インフラ整備
収益化
コスト適正化審議会
販管費の抑制・オフィス生産性向上
グループ全体を
筋肉質に大変革し
収益源を確保
事業会社
グループの総力を横断的に結束した新しい価値提供への挑戦
各事業会社
中国出店の加速・金融新サービス検討・Afterコロナのエンタメ戦略など
各事業会社の成長
働きがい
大変革
加盟店・本部・グループ会社全員の働きがい改革継続実行
働きがい改革PJT
評価制度変更・チャレンジ後押し施策
ジョブ型制度検討・リモート活用
グループブランディングPJT
グループ社員の交流促進
加盟店・外部への浸透
グループで働くことの
満足度向上

うキャッチコピーが付されていた。後ほど説明するが、大変革実行委員会が設定した目標達成のタイムホライズンは、スタートから5年後の2025年である。社内大変革（「売場大変革」「収益構造大変革」「働きがい大変革」）とグループ企業大変革（「事業会社」）のカテゴリーの下に、プロジェクトチームを編成した（図表1-2）。

各プロジェクトのリーダーには、本部長クラスの幹部社員を竹増が指名した。各委員会のプロジェクトメンバーは、リーダーの推薦と並行して自己推薦方式で公募することになった。ローソン本体とグループ会社の社員が、10個のプロジェクト（PJT）に参加した。

大変革実行委員会のプロジェクトは、「事業会社」が関与する分野を除くと、3つのカテゴリーから構成されていた。

最初の「売場大変革」は、①厨房プロジェクト、②商品刷新プロジェクト、③FF（ファストフード）全社横断プロジェクト、④店舗理想形追求プロジェクト、⑤エリア戦略再構築プロジェクトまでの5個のプロジェクト。

2番目の「収益構造大変革」は、⑥顧客起点サプライチェーン改革プロジェクト、⑦ベンダー物流改革プロジェクト、⑧グループデータ一元利活用プロジェクトまでで、3個のプロジェクト。そして、3番目の「働きがい大変革」は、⑨働きがい改革プロジェクトと⑩グループブランディングプロジェクトの2個のプロジェクトで構成されていた。

各プロジェクトには、当面の2021年度に達成すべき課題と、その後3年間（2022年～2024年）までの中間目標（短期課題）が設定されていた。最終フェーズの2025年に達成すべきゴールは、大くくりにした3つの領域で、「『新しい便利』の実践」「グループ全体を筋肉質に大変革し収益源を確保」「グループで働くことの満足度向上」だった。

プロジェクトの具体的な取り組みとその成果については、第3章以下で、詳しく取り上げることにする。

実現不可能だったはずの目標

2020年9月から、本格的にプロジェクトがスタートした。

2週間に1回（隔週）、全体ミーティングが開かれていた。始めてから1年ほど経った頃、短期的な目標については、早くも成果らしきものが出てきた。「動き出してみたら、お客様の評価が変わってきた」と、プロジェクトのメンバーが手ごたえを感じ始めていた。

なお、同年2月に、5年後に到達すべき財務的な目標値を設定していた。コロナが終わって、当期純利益が約86億円に落ち込んだ翌年である。「EPS（1株当たり純利益）500円以上を2025年までに達成すること」と、すいぶん思い切った計画目標を発表した。

「正直なところ、EPS500円以上に加えて、ROE15%という定量目標を掲げた時には、誰も相手にしてくれなかったですね。株主の皆さんも、その数字を確証のあるものと思ってもらっていたかどうか。周りの反応は、そんなに高い目標はすぐには達成できるわけがない！　でしたね。社員の皆も、本当にどこまでやれると思っていたか」（竹増）

しかし、2023年度の決算説明会の席で報告があったように、目標のEPS500円以上もROE15%も、大幅にしかも2年前倒しでクリアできたのだった。

竹増はプロジェクトのスタート時点を振り返って言う。

「コロナになっていなければ、業績の回復をどうしようかと考えるだけで、お客様がこの先に必要とすることは何だろう。そこに集中できなかったかもしれない。競合を見る目を遮断して、お客様だけを見ることで今があります」（竹増）

5 「ローソン・タウン」構想

稚内からのラブコール

大変革実行委員会の活動を続けている中から、「ローソン・タウン」の構想が出てきた。地方社会ほど、コンビニを必要としている人が多い。過疎化が進んでいて、今や地方ではスーパーがやっていけなくなっている。

全国の過疎地を中心に、「ローソンに出てきてほしい」という声があがっていた。しかし、「それなら、すぐにローソンを出しましょう」というわけにはいかなかった。物流効率などの条件面が整っていなかったからだった。

ところが、2023年の夏に、日本最北端の町、稚内《わっかない》に2店舗を出店することになった。初年度にさらに2店舗を出店した。人口3万人の稚内市は、物流センターがある旭川市から245㎞離れている。自動車でも4~5時間かかる。1、2店舗を出しても、トラックの荷台が商品で満載にならない。効率面で課題を抱えていた。

10年ほど前から、稚内市民からも出店要請があったが、物流の関係で店が出せなかった。ところが、4店舗を連続して出店することで、この問題を解決することができた。その時のローソン北海道のプレジデント（支社長のような立ち位置）が、たまたま稚内の生まれだった。小学校まで稚内に育った廣金保彦《ひろかねやすひこ》プレジデントが、「どうしてもやりたい。自分がトップのうちに、必ず黒字化させるから」と竹増に直訴してきた。それでは、「一度チャレンジしてみてください」と許諾したのがきっかけだった。

稚内出店の事例については、次章で詳しく説明する。2店舗を同時に出店してみたら、当初の見込みを大幅にオーバーして、全店が平均日販よりもはるかに高い売上となった。さらにもう2店舗を出したところ、これらの店舗も同様に高い日販を記録した。

「皆さんがローソンを頼りに暮らしてくださっている。ATMもなければ、複合コピーマシンもない。チケットも旭川まで行かないと買えない。そんなところにローソンを出すと、生活全体がローソンを中心に回るようになる」（竹増）

街づくりのパートナーたち

地場コンビニのセイコーマートが、稚内に18店舗ほど出ている。しかし、ローソンが店を出すと、思った以上に集客ができた。ローソンの店が、稚内の人たちに喜んでもらえている。

「そうであれば、色々なパートナーさんと一緒に、街づくりのようなこともできるのではないか」と竹増は思った。

2025年は、ローソンの創業から50周年目にあたる。大阪に55年振りで万博がやってくる。

竹増は大阪の出身で、子供の頃大阪万博が開催された。その周辺で、千里ニュータウンが開発された。関東でも、多摩ニュータウンや港北ニュータウンは、高度成長期に開発された街だが、今ではもう寂《さび》れてしまっている。

竹増がインタビューで語ってくれたのは、子供の頃の原体験からの発想だった。


実は、千里ニュータウンや多摩ニュータウンなんかでも、ローソンが入って、色んな形でデジタルとかロジスティクスを使うことで、もう一度若い人たちも集まって、彼らとは血縁がないかもしれないシニアの人たちと、皆で仲良く暮らせるマチが作れるのではないかと思ったのです。

稚内での評価が、日本全国にある「オールドタウンの課題解決」にチャレンジできるチャンスになるのではないのか。そこにたまたま、ＫＤＤＩとの協業が始まることになった。例えば、５年前からローソンは無印良品と事業提携が始まっている。無印は今、団地のリノベーションとかもやっている。

そこにローソンが入って、色んな機能を持たせる。例えば、ドローンが飛ぶ。シニアの方と若い方たちが世代を超えてリアルで繋がることはもちろん、デジタルを活用し、リモートでも繋がり合う。そこには、保育園から老人ホームから医療クリニックまである。エンタメもある。本当に、皆がそのマチの中で楽しく暮らせるような、そういうような再開発というか、マチづくりができるのではないかと思いました。

未来のお店はこういうふうにしたい。その未来のお店がマチにあればこういうマチづくりができて、色々な人たちが入ってくる。そういうところまでやっていけるかなと。そうすると、

「みんなと暮らすマチを幸せにします」と……。

わたしは、決算説明会で最後に出てきた、スライドの「ポンチ絵」（図表1-1）を思い出していた。竹増が考えていた「ローソン・タウン」構想は、ローソンの企業理念「私たちは〝みんなと暮らすマチ〟を幸せにします」に、まさにピタッとはまるアイデアだった。

ローソンが持つ事業の多様性

ところで、競合のセブン-イレブン（セブン&アイ・ホールディングス）は、ローソンとは逆に、これまで抱えてきた資産を切り離す方向で経営のかじ取りをしている。外圧もあるのだが、そこには、コンビニ以外の事業が思わしくないという事情がある。
2023年には、そごう・西武百貨店を米国のファンドに売却している。[注16]祖業で総合スーパーのイトーヨーカドーも、2024年〜2025年にかけて、不採算店舗を33店ほど閉鎖する計画がある。[注17]商品ラインも、収益性が低いブランドは売却して、将来性のない売り場などは、例えば、アパレルの「アダストリア」との委託契約に切り替えている。[注18]
ローソンは、セブンとは真逆の方向で事業展開しようとしている。むしろ既存のビジネスからウイングを広げようとしている。ローソンの強みは、特色のある複数の業態とユニークな機能を持つ関連ビジネスである。その強みを、小売業という業態を超えて外部の組織との提携という形で拡張しようとしている。
都市型スーパーの成城石井や、エンターテインメントのローソン・ユナイテッドシネマなども持っている。それから、農業分野で生産者と提携をしている（ローソンファームの事業展開）。タイプの異なる店舗業態（ナチュラルローソンやローソンストア100）も持っている。商品面では、無印良品と組んで日用雑貨などの取り扱いを始めた。


デリバリーのUberさん、KDDIのmenuさんとか、そういう方と組んで、今も全国約6000店舗で展開をしています。実は僕らは、色々な「マチを幸せにする」ツールを持ってはいるのに、それが上手く有機的に繋がって機能させられなかった。そんな思いがあったところに、今度はKDDIさんが入ってこられた。

繋ぐプロですので、どういうふうにマチの中で繋ぎ合わせて、より相乗効果を出していくか。そういうこともできるのではないかなと思っています。それで、あのような1枚の絵（ローソン・タウン）になりました。


セブンを意識することをやめて、顧客の生活に寄り添うことを決断した時点で、ローソンが戦うべき舞台が変わってしまった。ステージの上で競争の劇を演じる役者は、セブン、ファミマ、ローソンのコンビニ各社だけではない。

戦う相手は、小売業界のプレーヤーたちだけではない。しかも、その戦い方は競争モードだけに限らない。ローソンは、意図せずして、協創の場に足を踏み入れている。いつの間にか戦いの舞台が変わってしまったのである。

次章からは、戦うための武器と個別の取り組みを、順番に紹介していくことにする。

第2章

日本最北端の地への進出

1 20年越しの悲願だった稚内出店

稚内市に2店舗を同時出店

2023年8月1日、ローソンは北海道稚内市に2店舗を同時にオープンした。「ローソン稚内栄五丁目店」（門脇和彦オーナー）と「ローソン稚内こまどり五丁目店」（浅見学オーナー）である。

それまでは物流面のハンディで商品が運べず、稚内への出店は困難だと考えられていた。道北の物流拠点がある旭川市から、稚内市までは245㎞も離れている。車で4～5時間はかかる。中間地点の名寄市《なよろ》（人口が約2・5万人）を過ぎると、稚内までは人口が5000人を超える町がない「飛び地」である。

稚内市の人口は約3万人。ローソンの北海道開発部（現・北海道カンパニー）では、ここ20年間で担当部長が変わるたびに、北海道の最北端に当たる宗谷管内（稚内市もその一部）への出店案が、何度も出ては立ち消えになっていた。

稚内市内には、ホームセンターのＤＣＭや子供服の西松屋、１００円ショップのキャンドゥなど、全国チェーンの小売業が出店している。しかし、道内のセイコーマート（18店舗）を除くと、全国展開をしているコンビニチェーンは出店ができていなかった。

ローソンは、物流網や人材確保、用地交渉などの障害を乗り越えて、種々の工夫を重ねながら、２０２３年の夏に、ようやく稚内出店にこぎつけることができた。

開店の初日、3000人が殺到

新店オープンの日、ローソン稚内栄五丁目店と稚内こまどり五丁目店には、早朝から約１００人が店の前に並んで開店を待っていた。開店後も人の波が途切れることなく、どちらの店も当日は３０００人以上の客で賑わった。
通常のオープン時の常識では考えられないほどの盛況ぶりだった。開店準備から稚内プロジェクトに携わってきた山田知度（北海道営業部道北支店、マネジメントコンサルタント〈以下、ＭＣ〉）が、ローソングループ公式ｎｏｔｅのインタビューで、開店の日の様子を伝えている。[注19]
「お客様から『いつでもＡＴＭが使える』『イベントチケットを買いにわざわざ旭川まで行かなくてすむ』『からあげクンがいつでも買える』など喜びの声を多数いただき、うれしい限りです。お客様にここまで喜んでいただけるオープンは私も見たことがなかったので、感動しました。同時に、私の仕事はオープンしてからが本番なので、その期待を少しでも長く維持するためにはどうすればいいかとお客様の列を見ながら身震いしました。

図表2-1　北海道産の木材で作った２店舗(注20)

ローソン稚内栄五丁目店

ローソン稚内こまどり五丁目店

日本最北の街にローソン初出店。稚内市内の２店舗が北海道産木材を使用した店舗としてオープンし、「HOKKAIDO WOOD BUILDING」に登録されました

株式会社ローソンは 2023 年 8 月 1 日（火）に、北海道の宗谷地方に初出店となる「ローソン稚内栄五丁目店」と「ローソン稚内こまどり五丁目店」をオープンしました（ともに稚内市）。両店舗は、店舗外装や内装仕上げ材に北海道産木材を使用しており、北海道庁より道産木材使用建築物に認められる「HOKKAIDO WOOD BUILDING 」に登録されました。
出典：https://www.lawson.co.jp/company/activity/topics/detail_jin/1472422_9112.html

クルーさんはまだ仕事に慣れていないのと、正しい売場のあり方もまだ十分にわかっていないので、しばらく混乱が続いたのです。何とか2カ月ほどかけて立て直すことができましたが、引き続きサポートに尽力しています」（山田）
店舗を出店した直後に、年内にさらに2店舗を稚内市内にオープンさせた。「ファイターズローソン稚内はまなす店」（8月25日、門脇和彦オーナー）と「ローソン稚内副港通店」（11月28日、浅見学オーナー）である。
オープンから1年が経過したあとでも、4店舗ともに売上は順調に推移している。出店前の推計値より、5～6割増しの日販を記録している。現在、稚内市内の出店に加えて、宗谷管内へ店舗網を広げるための準備に余念がない。

稚内プロジェクトの「4つの成功要因」

稚内プロジェクトが、多くのハンディを乗り越えて、想定以上にうまくいった要因を簡単に説明してみる。成功の要因には、ローソン独自の経営資源と会社の運営方式が関係している。加えて、北海道カンパニーの廣金プレジデント（当時）や稚内プロジェクトに携わった社員たちの努力と創意工夫によるものである。順番に解説していくことにする。

①　物流のハンディキャップ
1店舗ずつ出店用地を確保して、地元でオーナーを募集する方式では、稚内への1回の配送でトラックが商品で満杯にならない。この輸送効率の悪さを克服するために考えついたのが、同一エリア（稚内市）に4店舗を同時期に出店する方式だった。

②　人材確保のボトルネック
ただし、複数店舗の同時出店には、店長やクルーなどの人材確保が必要になる。この課題を克服できたのは、複数店舗の経営で実績があるマネジメントオーナー[注21]（以下、MO）の2人から協力を得たことが大きかった。名寄・旭川（門脇オーナー）と名寄・深川（浅見オーナー）から店長を稚内に派遣してもらうことで問題が解決できた。

③　カンパニー制の先行導入
2022年に、近畿地区と北海道地区ではカンパニー制が先行して導入されていた。コンビニの出店には、商品部（商品供給）と営業部（店舗運営）と開発部（店舗立地）が関与している。3つの部門の足並みが揃わないと、広域出店（稚内や宗谷管内）はむずかしかった。開発から出店までスピーディーにプロジェクトを進めることができたのは、ほぼすべての権限が本部から北海道カンパニーに委譲されていたからである。

④　ローソンの独自要因（複数業態と独自商品）
幸運なことに、ローソンは競合にないユニークな業態（成城石井、ナチュラルローソン、提携関係にある無印良品）と商品サービス（店内厨房）を持っている。地方の人にとって、魅力的な商品ラインナップとユニークなサービス（例えば、チケット予約のＬｏｐｐｉ、ローソン銀行のＡＴＭ）を持つ点が大きかった。道内の人気商品（ローカルメーカーの食品など）を独自に開発して店内で販売するようにもしている。

2節以降では、稚内プロジェクトがどのように進行していったのかを、時間を追って見てみることにする。まずは、店舗開発のプロフェッショナルが、北海道カンパニーの開発部長に着任する。これにより道内７００店舗の出店を目指して、道北・道東エリアの新規出店に弾みがつくことになった。

2　エースの投入

現状把握から見えてくること

２０２２年2月、北海道カンパニーに村上和宏開発部長が着任した。
北海道カンパニーに異動になる前、村上は関西地区（兵庫・大阪）で店舗開発を担当していた。また、入社から関西地区に着任以前の10年間は、四国・中国・九州地区で、セブン‐イレブンの出店対策が主たる仕事だった。

ところで、前節で紹介したように、20年ほど前から北海道支社では稚内出店の意向を持っていた。しかし、物流コストや距離の壁、オーナー確保の問題、売上の見立ての観点から、出店を何度も断念してきた歴史があった。

村上の着任とほぼ同時に、北海道エリアでは先行してカンパニー制が導入されていた。カンパニーに権限が委譲されたことを機会に、村上は道内の未出店エリアで出店できそうな場所と、その方法を考える作業に着手することにした。

着任早々、村上は北海道全域の市町村をくまなく回ってみた。稚内エリアに限らず、北海道のどこに店が出せるかを取捨選択するためである。ゴールデンウィーク明けには、その作業を終わらせていた。

出店エリアを選ぶための判断材料で大事なのは、コンビニの競合状況の確認である。見るべき指標としては、①競合コンビニの売れ行き、②店舗のハードの良し悪し（例えば、店舗の大きさや新しさ、駐車場の台数）、③他の業態（スーパーやドラッグストア、飲食店など）の売上見込みである。この3つを勘案して、自社にとってのポテンシャル（出店余地）があるかどうかを確認しておいた。

「結果的に、この先に出店できそうな場所を拾ったのが、ゴールデンウィーク明けです。そこからは、具体的な出店調査に入っていったという流れですね」（村上）

出店ポテンシャルのグランドデザイン

村上が作成したポテンシャルは、人口とコンビニの店舗数を、スーパーとドラッグストアの数で修正したデータだった。しかし、必ずしもエリアの人口に対する小売業の店舗数（推定売上）だけで出店の可能性を見ているわけではなかった。競合の状態や店舗のハードなども細かく見ている。

出店ポテンシャルの論理的な組み立てがおもしろいので、村上から聞いた話を整理して紹介してみる。

コンビニの売上ポテンシャルは、結果的に、（出店対象地域で）お客さんが取り切れているか、取り切れてないかということですね。例えば、セブン‐イレブンさんも出店している。セコマさん（セイコーマート）も出店している。それでいて、ローソンだけがないというところが道内にはいっぱいあるわけです。[注22]

その中でも、セブン‐イレブンさんとセコマさんがあるところと、セコマさんだけがあるところがあるとします。その時は、セコマさんだけがあるところのほうが、一般的には出店余地があることになると思います。そういうのを一つひとつ市町村ごとに見させていただきました。なぜそれをやったかというと、北海道は１７９市町村あって、セコマさんは１７５市町村まで出店されているのです。セブン‐イレブンさんは１２０市町村、ローソンは93の市町村しか出ていない。

この差が、まずは稚内に出店するに至った入り口の数字です。（セブン‐イレブンが出ていない稚内は）まだ出店余地があるのではないかと考えたわけです。

実際に、稚内市は、セイコーマートだけがあって、セブン‐イレブンもローソンも出店していないエリアのひとつだった。

現場目線の出店戦略

北海道をすべて回り終えた村上は、稚内出店について検討を始めていた。

最終的に、カンパニーのプレジデントを稚内に連れていって、先ほどの分析のロジックを説明しながら、現地の状況を一緒に視察してもらった。それが、7月末のことだった。

現地で確認を終えて8月には、当時の廣金プレジデントから、稚内出店に「ゴーサイン」を出してもらった。このタイミングで出店が決断できたのは、北海道でカンパニー制がスタートしていたからだった。もしそうでなければ、プレジデントの一存では、稚内出店について即断即決はできなかったと思われる。

「カンパニー制は、竹増社長の英断のひとつだと思います。北海道にプレジデントが、いわゆる現場に責任者がいるという体制を作ることができた。稚内プロジェクトを迅速に進めることができたのは、竹増社長に先見の明があったからです」（村上）

村上の話を聞いて、稚内以外の出店候補エリアについて尋ねてみたくなった。

「稚内以外にも、まだ出店のポテンシャルがありますよね。セコマさんが出ているというところ

図表2-2　北海道内のローソン出店地

を見れば、セブンさんとの差が40市町村以上あるわけです。そうすると、稚内だけではなく、いくつかの市町村でも可能性はあったと思うのですが、それはこれから検討するのですか？　それとも、いくつかは準備をしていらっしゃるのですか？」
　村上は明確な戦略を持っているように見えた。それでも、具体的なところは話しづらいだろう。ただし、稚内出店の陰に隠れてあまり話題にはならなかったが、２０２３年8月15日に厚岸町《あっけしちょう》に出店した事例（ローソン厚岸大橋店）を紹介してくれた。厚岸町は、根室と釧路のほぼ中間である。
「今度は、その南にえりも町があります。襟裳《えりも》岬《みさき》がある町で、これが南の果てです。そこで、えりもではなくて、そこに向かう手前を埋めていかないといけない。それで、厚真町《あつまちょう》の上厚真《かみあつま》というところですが、そこにも今年（２０２４年）の春4月に出店します」（村上）

「買い物困難地域への出店」を通じた社会貢献

厚真町への出店計画が、村上の北海道カンパニーでの最後の仕事になった。その後村上は、2024年春に首都圏カンパニーの東京開発部長に異動になったからである。北海道カンパニーの開発部長として、稚内や道東のプロジェクトのその先を見届けたかった様子だった。
「上厚真では、地元自治体との連携による出店が実現しました。町に唯一あった売店がなくなって、いわゆる買い物困難地域になるということで、町のほうでどうにかしないといけないというところに、弊社にお声がけがありました」（村上）
ローソンの建物は、町に出してもらうことになった。お願いして呼んできたオーナーさんに、そこの経営を任せている。本部は商品供給などを担当して、建物の投資については町で責任を持ってやっているようだった。
「いわゆる買い物困難地域に出店するモデルのようなお店です」（村上）
スーパーなどが退店して買い物で困っている地域から、どうにかできないかという相談がローソンにくるケースが増えている。
ローソン上厚真店は、そうした事情で成立した話である。本来的にローソンが店舗に投資でもしていたら、とうてい資金が回収できないような人口規模である（厚真町：人口4228人、2024年12月）。上厚真という地区には、700人ぐらいしか人が住んでいない。
「全国平均で考えてしまうと、客単価650円（標準的な客単価）から出店に必要な客数を求めてしまいます。ですので、人口1000人の町には出店できなくなります」（村上）

村上の手法は、客単価がどれぐらいになるかから始めて、逆に客数を求めていく。その人口でも店が出せる可能性を追求していく。その結果として、出店ができたのが稚内だった。通常のコンビニより、客単価が高いことが予想できたからである。

次節では、出店前の立地調査と競合店のリサーチからその論拠を説明する。

3 稚内出店のゴーサイン後

再論：物流問題の解決スキーム

梅雨のない北海道では、一番気候が良いのが6月上旬である。観光客が多い6月から7月にかけて、売上がピークを迎える。6月上旬のタイミングに合わせて、稚内に2店舗を同時に出店することを狙った。しかし、準備が間に合わず、オープンは8月にずれ込むことになった。
「稚内出店については、物流問題の解決に話題がいきますが、実を言うと一番大事なのが、2022年8月にゴーサインが出て、その1年後に4店舗を出店できたことです。すごいことができたと思います。わずか1年で出店できたのですから」（村上）
ところで、稚内市内の4店舗で1日に売り上げる商品は、トラック1台分に相当する。そこで、物流コストを下げるために、通常は1日2回配送するところを1回に減らしている。その代わり、店舗を広くして、ストックヤードにも広いスペースを確保することにした。

冬場はトラックで配送できないことがある。その場合の対応についても工夫を凝らしていた。全店舗に調理ができる厨房を用意して、その設備を使ってお米などの材料を多めに備蓄しておいて弁当を作る。豪雪や強風でトラックが動けない日のための緊急対応である。

２０２４年7月末に、わたしは現地を訪問して、稚内市の4店舗のバックルームを確認させてもらった。最初にオープンした2店舗は、駐車場が約40台分で、店舗面積もかなり大きい（約73坪）。通常のローソンの店より、売り場もゆったりと作られていた（約52坪）。

また、実際にバックルームもかなり広くとられていることを確認できた。その隣には、飲料などのグロッサリー備蓄用の大きな冷凍ボックスが3、4台も置いてあった。バックルームには、商品のストックが、かご車に載せられて所狭しと並んでいた。

現地を案内してくれた山田MCによると、「これだけバックルームを広く作っても、売上も高く、商品がどんどんなくなるので、ご覧のように、今でも在庫スペースがまだ足りない状態です」と嬉しそうに説明してくれた。

売上の見込みが良いほうに外れたことで、実際には4店舗への配送は、トラックが到着する時間を少しずらして、一日2便体制になっている。これも嬉しい悲鳴なのだが、かなり大きくとったはずのバックルームが、いつも商品で満杯の状態になっている。

当初の想定では、毎日トラック1台で4店舗を回るというのが、物流問題を解決するための前提だった。そのために村上たちがやったことが、まずは1店舗当たりの日販を見積もることだった。

セイコーマートは、稚内市内に18店舗である。そこに、ローソンが4店舗の同時出店で、戦いを挑んだわけである。村上に、新店の平均日販をどのように予測したのかを尋ねてみた。

「ケースバイケースですが、稚内はシーズンがありますから、夏場は高くて冬場は下がります。冬場は夏場の７掛けになりますが、今の日販は平均よりはるかに高いです。事前に見立てたものよりは、かなり良い数字になっています」（村上）

覚悟を決めてオーナーを買って出てくれた人物

村上は、稚内の４店舗について、経営を任せるオーナーと先に交渉を始めていた。店舗の立地を確保する前に、事前にＭＯとして経験豊富なオーナーに出店の打診をしていたわけである。
「１人で４店舗というのはきついので、２人のオーナーさんに２店ずつ持ってもらおうという調整から始めました」（村上）
そのうちのひとりは、稚内に一番近い名寄などで複数店を経営している浅見学オーナー（45歳）。もうひとりは、名寄・旭川などで17店舗を経営している門脇和彦オーナー（59歳）である。
「調査の結果などを説明させていただきながら、ご自分の店舗から１２０㎞とか２４０㎞離れたところでお店をやっていただけるかどうか。その調整が最初でした」（村上）
打診の結果は、オーナーの２人とも、「ぜひやらせていただきたい！」という結論になった。しかし、複数店を出すためには、店長など人員の確保で準備が必要だった。
若い浅見オーナーは、２人の店長を帯同し、稚内市内に転居。直接店舗の運営に携わっている。ベテランの門脇オーナーは旭川在住のままだが、番頭格の五十嵐さんというナンバーツーと２人の店長を稚内に住まわせている。自らビジネスリスクをとりながら、覚悟を決めて出店に協力してくれたのである。

「日販がいくらになるかなど、具体的に伝えることはできません。ただし、こういったポテンシャルがあるということはお話しできます。ご自身も何店舗も経営されているオーナーさんなので、出店環境とボリュームを聞くと、それならと思っていただけたと思います」（村上）

4 2人のマネジメントオーナー

稚内の店舗視察とインタビュー

２０２４年7月27日（土）、東京羽田から稚内空港に飛んで、おふたりの店舗を視察させていただいた。前年8月にオープンした2店舗が、北海道ローソンが始まって以来最高の日販を記録していた。開店から1年が経過して、稚内の４店舗が今どのようになっているのかを、自分の目で確かめてみたかった。

最初に訪問したのが、「ローソン稚内栄五丁目店」である。店内奥のオフィスで、門脇オーナーに30分ほどインタビューさせていただいた。その後、稚内漁港方面に車で移動して、「ローソン稚内副港通店」を視察することになった。浅見オーナーに店内を案内していただき、こちらも約30分間、インタビューの時間をいただいた。

おふたりへのインタビューは、以下のような内容だった。

①　ご自身のビジネスの現状は？
②　出店後の成果は想定通りだったか？
③　ローソンは北海道でどのような評価を受けているか？
④　稚内とご自身のエリアとのお客さんの違いは？

インタビューの目的は、ＦＣ店の運営を担っているおふたりから、オーナー視点で稚内プロジェクトを評価してもらうことだった。もうひとつは、現地で店舗や競争環境を見て回ることで、稚内プロジェクトがローソンの未来に与える影響を整理してみたかった。

店舗視察とインタビューで、村上に指名された２人のオーナーが、ビジネスマンとして信頼できるだけでなく、企業家として店舗経営に真摯《しんし》に取り組んでいる姿を見ることができた。

想定を超えた稚内プロジェクトの成果

ふたつ返事で、「はい、やります」と出店を受諾した門脇オーナーにとって、出店後の成果は、想定をはるかに超えるものだった。10年ほど前から、竹増に稚内出店を何度か直訴してきたという。インタビューで話す門脇の明るい声が、とても印象的だった。

僕の店と浅見さんの店と2店同時だったので、売上的には分散されるとは思っていました。オープニングセレモニーがありまして、僕があいさつをしました。終わって席に着きました。前を見たら、お客様がもう１００人以上並んでいるんです。これはまずいことになったなと。ちょっとムードが違うという感じでした。これは想定外で、想定以上でした。北海道の記録を塗り替えるんじゃないかなという勢いで、お客様がずっと入ってきました。

オープン当日はすごい勢いで、途切れないのですよ。店内は満員です。商品もどんどん減っていきました。開店セールなのが、夜になると閉店セールみたく、物がなくなってしまったというのが初日でした。

初日のレジ客数は、3000人を超えていた。25年間ローソンをやっている門脇オーナーにとって、「お客様が多すぎて、背中がザワッとした」のは、初めての経験だったという。

同じ質問に対して、浅見オーナーは、すこし違った視点からも答えてくれた。

事前に、新規出店エリアで大盛況だったという道東エリアとか、他の地域の話を聞いていたので、ある程度は盛り上がるだろうと思っていました。売上に関しては、その通りで、想定以上です。ただし、それ以外にかかる経費というのも、想定以上のものがありました。

パートタイマーの給与が、時給で旭川方面よりも150円ぐらい高いですね。人件費が予想よりかかっています。想定以上に忙しくなっているので、旭川や深川の社員たちが応援に来てくれています。

浅見オーナーによると、遠方から応援に来てくれる社員の交通費や宿泊費が、想定以上だという。また、観光地ということもあり、クルーさんを募集してもなかなか集まらないという現状がある。「わたしがローソンに入る前は、(時給が)900円スタートぐらいでした。それが、今は

1000円を超えています。場合によっては、時給1050円」(浅見オーナー)。

道内での評価と稚内市民の特性

ローソンが、道内とりわけ稚内エリアでどのように評価されているかを門脇オーナーに尋ねてみた。その答えは、セイコーマートとローソンの比較から始まった。ちなみに、セイコーマートは、わたしが調査方法の設計を担当したJCSI(日本版顧客満足度指数)の調査では、コンビニエンスストア部門で、9年連続でCS第1位を継続している。[注23]

道内でコンビニの代表は、セイコーマートさんです。コンビニ業界においては、非常に価格が安くて、地域密着というか、商品においても、北海道のものを使ったアイスクリームだとか、デザートだとか、本当に地域でやっているというイメージがあります。
それに対して、ローソンは、決して「よそ者」という感じでは受け止められてはいないと思います。もしそうだったら、お客様もあまり入らないと思います。美味しいものも多々あります。色々なサービスも、Loppiを中心としてたくさんあります。

浅見オーナーには、稚内の顧客特性についてコメントをもらった。ご自身もオープンから1年間、稚内で暮らしている。いち市民の立場から、稚内の土地柄を話してもらった。

旭川や深川と比較すると、稚内は良い意味でちょっと田舎なのですね。お客様と(お店の)

距離が非常に近いです。何か温かい感じがすると思います。

もう1年ここに住んでいますが、挨拶以外のことも普通に会話ができたりします。常連になってくれる人も多いですね。小さい町ですから、クルーさんもお客様と話すことが多いです。

たしかに店内で顧客の様子を観察していると、滞留時間が少し長そうに見える。浅見オーナーは、店員とのコミュニケーションについて「ひと言で終わらないお客様もたくさんいらっしゃる」と表現されていた。

稚内プロジェクトの成功要因

オーナーのおふたりには、ローソンが稚内エリアで躍進した要因を話していただいた。商品やサービスが中心だった。浅見オーナーからは、厨房の使い方についてコメントをいただいた。

「まちかど厨房」は、おかげさまで一番人気です。スタートの初日から、厨房は好調です。朝早い方で、商品を出す前にくるお客様がいます。「何々作って」というような、並んでいる商品を買われていくのではなくて、お客様のほうから声をかけられて準備するということがありました。

稚内エリアの特徴で、新しいものがよく売れる傾向があります。新商品に関しては、ローソンに比べるとスーパーなどは導入が遅かったりします。

門脇オーナーは、稚内の顧客の特性を、ローソンの店舗に来る動機は、「エンタメの一環」と分析していた。たしかに、来店客を見ていると、友人や家族と一緒に連れだって来ているグループが異常に多かった。

地元の旭川ではあんまり見られないです。ひとり当たりも、先程出ましたけど、購入金額がえらく高いのです。ホタテ御殿が建っている猿払《さるふつ》村だとか、数十キロ離れている所からもお客様がここへ来ます。

猿払からいらっしゃるお客様は、弁当とかお菓子とか、ビールとか。かご2つぐらいは普通に持ってきますね。金額にして5000円くらい。はじめて、「カゴが小さい」と強くご意見をいただきました。

テレビ放映されている新商品の売れ行きがいいのも、稚内エリアの特徴になっている。北海道テレビ放送（ＨＴＢ）で流れている「まちかど厨房」のＣＭの注目率が高い。人気テレビ番組の『ジョブチューン』（ＴＢＳ）も北海道放送（ＨＢＣ）で放送されているので、そこで紹介されるスイーツなども非常に反応がよいとのことだった。

5 稚内プロジェクトを振り返って

異分野からの起用

店舗の運営を任せることができる2人のMOが決まった。次の仕事は、店舗を建てる土地を探すことだった。セイコーマートが18店舗ある稚内エリアでは、地主との交渉が難航することが予想された。

村上は、そこで一計を案じた。本来ならば、稚内のようなプロジェクトでは、ある程度ベテランで、開発のスキルがある人間に担当させるのが普通である。しかし、今回はあえてベテランを起用しなかった。

村上が選んだ人物は、北海道で営業担当をしていた坪井佑樹氏だった。2022年5月に、坪井は、村上の指名により開発に異動になった。3カ月経って、9月からはリクルート・フィールド・カウンセラー（RFC）として、稚内の物件探しに動き始めていた。

「なぜ坪井さんにしたかというと、彼はまじめで正直な性格だからです。すべてあったことをわたしに報告するだろうと思ったからです。社内でも周りは、翌年の夏までの出店は、どうせ無理だと思っていたはずです」（村上）

地方では、正直な人間が好かれる傾向がある。そこにやり手の開発担当者が行くとかえって嫌われることのほうが多い。坪井は、山田MCと一緒にインタビューを受けたローソンのグループ

公式ｎｏｔｅで、自分が土地探しに苦労したことを報告している。[注24]
「特に苦労したのが店舗用地の確保です。稚内市内の土地の所有者を全部調べて、総当たりで訪問したのですが、交渉が難航してしまいました。
タイムリミットが迫る中、それでも諦めず、地道に探し続けた結果、貸してもいいという所有者に出会えたのです。最終的にローソンの出店が地元の活性化に繋がると判断したからとご了承いただきました。このように、マチの発展のためと言っていただいたことがとてもうれしかったです」（坪井）

物件の確保と地主との交渉

坪井の土地探しに、村上は２回に１回は同行することにした。

稚内のプロジェクトは、あまり人に任せられなかったからだった。物件探しは、10月から12月がピークだった。雪の中を６時間かけて、２人は札幌から稚内に何度も通った。同時出店に向けて、様々な雑務もあったので、出張は１日では足らず、２泊３日になることも多かった。

あえて車で通ったのは、冬場はしばしば公共交通機関（飛行機）が欠航になるからだった。本州では考えられないが、札幌から稚内行きの電車も雪で止まってしまうことがある。

「プレジデントを７月末に現地に連れていった時も、廣金さんは〝待ち合わせを向こうで〟みたいな顔していましたけど、一緒に車で現地に入りました」（村上）

プレジデントにも、物流の苦しみを知ってもらいたいと思った。ドライバーの気持ちになって、札幌から稚内まで６時間の苦行を経験してもらうためだった。

翌年6月の出店を考えると、土地の契約は2023年2月までがタイムリミットだった。しかし、実際の契約は3月から4月になった。6月開店には間に合わず、オープンは結局8月にずれ込んでしまった。この時点で、4店舗目まで、ある程度は交渉のめどが立っていた。

「後で振り返ってみても、このタイムスケジュールでよくやったなと思います」（村上）

稚内では何が売れたのか

稚内の店では、一般的には、コンビニ商材と言われているもののほうがよく売れている。

稚内プロジェクトでは、地域性のある商品を採用しようと考えていた。しかし、結果的には、ローソンのユニバーサルサービスを受けたいというニーズのほうが強かった。村上は、開店から半年後を振り返って、日本最北端の町でローソンの商品力が評価されたことを強調していた。


わたしたちが思っていたのとは逆で、ローソンのマークがついている商品のほうが売れていますね。例えば、プライベートブランド商品とかフライドフーズ、厨房商品。お弁当とか、ベーカリーとかです。

すべてローソン（のブランド）がついているところに価値があって、ナショナルブランドの商品よりローソンブランドの商品のほうが売れています。ナショナルブランドは、稚内でもスーパーで買えますので。

無印とかは、ローソンでしか買えない。稚内にはありません。逆に、北海道で無印を展開するとなった時に、道東地区にも、実を言うと無印の店舗がなかったのです。ローソンとしては、その道東エリアから先に無印良品を導入していこうというのをやったぐらいです。多分、無印の平均の売上も北海道は高かったと思います。

商品部に尋ねたところ、道東では無印の構成比が２％くらいあったらしい。ということは、地方へ行くと、ほとんど無印の店舗がないわけだから、地方の中心都市ではないところだと、おそらくもっと構成比は高くなると推測できる。村上は、ローソンの強みを続けて話してくれた。

だから、北海道では、意識的に、成城石井と無印とナチュラルローソンですね。この商品というのは、差別化でかなり展開していたかと思います。北海道では、少し売り場も広くして、通常のローソンより多くしたと思います。

また、地域のいわゆる地産地消というところをちょっと意識して、地元の商品をできるだけお店で扱うようにしていました。ヒット商品としては、名寄の「ソフト大福」なんかは、とてつもなく売れたと思います。名寄の観光協会が、稚内出店の時は出店《でみせ》まで用意してくれました。

ＳＮＳにもいっぱい上がっています。坪井さんがちょっとテレビで言ってしまったんですよ。「名寄のソフト大福がめっちゃ美味しいんです」と言ったらもう……。

第3章 グリーンローソン——4つの社会実験

1 実験店がオープンする

グリーンは、「GO!サイン」

ローソンの看板は、通常のローソンに見られるブルーを基調にしたものと、ナチュラルローソンに見られるバーガンディー・レッドを基調にしたものがある。これにグリーンローソンが加わった。店舗のロゴデザインには、ＳＤＧｓの17色をベースに、ローソンブルーを加えた全18色のオリジナルカラーを使用している。

新店のオープンは、２０２２年11月28日。店舗コンセプトは、「お客様・マチと一緒に未来に向けて創るサステナブルな店舗」とし、「グリーン」のネーミングが付いている。

プロジェクトリーダーの只野ひとみ氏に、グリーンローソンのオープンから2カ月後にインタビューをお願いしたことがあった。只野は、インキュベーションカンパニーの新規事業担当マネジャーである。

図表3-1　グリーンローソンの店舗概要

店舗の概要

- **店舗名および住所：**ローソン北大塚一丁目店／東京都豊島区北大塚 1-13-4
- **オープン日時：**2022 年 11 月 28 日（月）13 時
  ※（ナチュラルローソンからの）リニューアルオープンとなります。
- **売場面積：**214㎡（約 65 坪）
- **営業時間：**24 時間
- **主な取扱商品：**冷凍弁当、おにぎり、調理パン、ベーカリー、デザート、ファストフーズ、まちかど厨房、飲料、酒類、日用品など約 4,200 種類（2022 年 11 月 28 日 現在）

お客様・マチと一緒に未来に向けて創るサステナブルな店舗
未来に向けて「グリーンローソン」都内にオープン
アバター接客、冷凍弁当の販売、店内コンシェルジュ　など

グリーンローソンの主な特長

（1）アバター活用で誰もが活躍できる人にやさしい店舗
（2）“冷凍”と“オーダーを受けてから作る店内調理”で弁当廃棄ゼロを目指した地球にやさしい店舗
（3）DX 活用による省人化と温かいコミュニケーションの創出
（4）CO_2排出量やプラ削減で地球にやさしい店舗

新店のオープンが迫っていた10月頃のことである。プロジェクトの進行が思うようにいかず、只野は事業開発のリーダーとして調整作業に苦しんでいた。その時、デザイン会社の担当者が発したある言葉が、彼女の心を吹っ切らせた[注25]。
「挫けそうな時、支えになった言葉があるんですよ。プロジェクトミーティングで、グリーンローソンのデザインを担当した会社の担当者が言った『グリーンは進めだ！』というひと言です。信号の青は緑にも見えるじゃないですか。だからグリーンローソンも進むしかないと」（只野）
この言葉（グリーンは進めだ！）がチームメンバーに響いた。「皆で進もう！」と前向きになり、心をひとつにプロジェクトを進めることができたという。

店舗の概要と主な特長

開店日に、ローソンの広報部から、メディア向けに配付されたパンフレットを入手した。図表3－1は、広報資料からの抜粋になる。配付資料には、店舗概要とグリーンローソンの特長が書かれていた。
開店日に同時に配信された「リリース資料」によると、グリーンローソンをオープンにする狙いは、次のように説明されていた。

未来に向けて「グリーンローソン」都内にオープン
グリーンローソンは、お客様・マチと一緒に創るサステナブルな店舗です。ローソンは、3つの約束（「圧倒的な美味しさ」「人への優しさ」「地球（マチ）への優しさ」）を掲げて、マチの変化や、お客様のニーズの変化に対応するとともに、社会課題の解決に取り組んでいます。
グリーンローソンでは、ローソンがこれまでに実施してきた環境配慮や省人化の取り組みと今回新たに導入する施策を合わせて、ローソンが目指す近未来型店舗の実現を目指してまいります。今後はグリーンローソンでの検証を経て、それぞれの施策を全国のローソンの最適な店舗に導入していく予定です。
（2022年11月28日ニュースリリースより）[注26]

図表3－1「グリーンローソンの店舗概要」からもわかるように、グリーンローソンは、4つの特長を持った店舗ブランドである。詳しい解説などは不要だろう。4つとも、ある種の社会実

験の位置づけを与えられている。

開店から2カ月後（２０２３年1月26日）に、北大塚の店舗を視察して、プロジェクトの担当者2人にインタビューすることになった。プロジェクト開発リーダーの只野と、上司でインキュベーションカンパニーの吉田泰治プレジデントである。

持続可能な近未来のコンビニ

わたしが知る限り、グリーンローソンの特長のうち、(1)〜(3)については、実験店をオープンする前に、技術的にはほぼ完成していた。この数年間で、ベーシックな技術については、社内の関連部署や提携企業と協力してテストを繰り返してきた。

その成果の一部を、グリーンローソンの発案者でもある社長の竹増が、「CEATEC JAPAN 2018」や国内メディア向けに情報発信していた。[注27] 基本コンセプトは、「サステナブルな近未来のコンビニ」である。その実現に向けて、数年前から粛々と準備が進められていた。

図表３－１における特長を解説する。
(1)は、デジタル技術による省人化の実験
(2)は、「まちかど厨房」の活用と冷凍品の導入によるフードロス削減の試み
(3)は、セルフレジの統合的な活用
(4)は、扉付き要冷機導入で、CO_2削減を図り省エネを実現すること
今回のグリーローソンでの店舗実験は、それぞれが独自に開発してきたＤＸ・ＩＴに関連する技術と、店舗コンセプトに関わるアイデアを統合して、未来型コンビニの運営システムを実用化

する取り組みである。

店舗運営に関しては、アバターを使ったリモート接客やセルフレジの利活用など、顧客接点が利用者にとって快《こころよ》いものにできるかどうか。そうしたことを確かめることが、店舗実験ではキーポイントになっていた。

2 グリーンローソンへの再訪問

オープンから1年半後に見たもの

2024年7月6日（土）に、豊島区北大塚にあるグリーンローソンを再度訪問した。

グリーンローソンが、その後はどのように進化を遂げているのかを観察するためである。前回の訪問から、約1年半が経過していた。訪問後に、インキュベーションカンパニーの吉田プレジデントに、その後の動向についてインタビューをお願いしていた。

再度の訪問でチェックしようと思ったポイントは、大きく4つあった。
① フードロス削減のために導入した「冷凍弁当」の改廃がどうなっているのか？
② 「まちかど厨房」や「ゴーストレストラン」（店の外からオーダーをとってデリバリーする方法）は、実際に機能しているのか？
③ ナチュラルローソンからの転換後に、客層は変化しているのか？

④「アバター接客」や「有人レジ撤去」などのサービスについて、来店客の反応はどうなのか？
この４点に加えて、実店舗の売上や利益について、その後の動向を知りたいと思った。そこで、グリーンローソンを訪問した翌日（７月７日）に、北大塚一丁目店の店舗運営を引き受けることになった前田宏オーナーに、電話で現状をインタビューさせていただいた。

店主の前田オーナーは、杉並区の荻窪周辺で複数の店舗を経営しているＭＯである。経営している店舗数は45店で、都内で最多の店舗数になる。玉塚社長の時代に、前田オーナーには、ＭＯ制度と複数店舗の運営についてインタビューをさせていただいたことがあった。

ＦＣ加盟店で実験をすることの意義

ところで、新型の什器や冷蔵ケースを導入する場合、あるいは、売り場や陳列棚のレイアウトを変更する場合、実験は直営店で行われることが普通である。ところが、グリーンローソンのケースでは、「竹増社長から直々のご指名で、わたしに出店の依頼が来たのです」（前田）。

グリーンローソンの場合は、複数の新しい試みを同時にテストする必要があった。直営店の店長や社員では、新しい試みを実店舗に導入できるかどうかを判断するのがむずかしい。店舗の立地や顧客層が異なる場合、店舗ごとに商品やサービスを調整する必要も出てくる。前田オーナーに白羽の矢を立てたのは、経験豊富な加盟店オーナーが適任と竹増が考えたからだろう。

新しいサービスは、アバターによる接客、セルフレジのみの店舗運営、扉付きの冷蔵ケースの導入、ゴーストレストランのサービスなど多岐にわたっている。実験的なサービスや商品の中で、どれが使えるのかは実際にやってみないとわからない。また、サービスの提供システムには改善が必要な場合も出てくるだろう。

新しい施策がビジネス的に有効かどうかを判断するためには、テスト結果をすぐに自店に横展開できる前田オーナーのような経営者に実験店を委ねたほうがよいだろう。そう考えて、竹増が前田オーナーを指名したのだろうと思われる。

前田オーナーによると、「ナチュラルローソンから転換して、店をオープンしてからしばらくは売上が今ひとつでした。約1年が経過した頃から、売上がじわじわと回復してきています」とのことだった。年齢の高い一部の顧客が離れていったが、若い人を中心にロイヤルティの高い顧客が定着して、昨対比で10％は売上が伸びているようだった。

静かな店内でカツサンドを救済

再度の訪問日は、熱中症の警報が出るほどの暑さ（最高気温36℃）で、熱波が都心を襲っていた。到着した午後3時に、お客さんは3組。アジア系らしき女性2人組とサラリーマン風の日本人男性、そしてわたしの4人である。

「まちかど厨房」の棚は、弁当が完売していた。カツサンドとたまごサンドが4個ずつ残っていて、店員さんが「20％オフ」の値引きシールを貼っていた。フードロスになりそうだったので、救済のためにカツサンドを1個、小さなバスケットに入れた。再生プラスティックで作られたミニバスケットは、とても可愛い。

冷凍弁当をチェックするため、前回の訪問時には店内奥のゴンドラ（商品陳列のための棚）にあった冷凍ケースを探した。1年半前には、５種類の冷凍弁当が在庫されていた。再訪問の日は、冷凍弁当のケースのサイズが半分になっていた。冷凍弁当は2種類で、「冷凍ハンバーグ弁当」と「冷凍のり弁」を購入した。同じケースに在庫されていた「焼きサバと鱒の冷凍すし」もバスケットに入れた。

ここから先は余談になる。持ち帰った冷凍ハンバーグ弁当を、３日後に自宅のレンジで6分間、６００ｗで解凍した。自宅で仕事をしている途中で、ランチタイムだった。レンジアップした直後は熱々すぎたので、パッケージの裏側に書いてあるインストラクションにしたがって、３分ほど待ってから弁当を食することにした。

個人的な感想である。ご飯もハンバーグも、解凍ムラがほとんどなく美味しく食べることができた。そして、熱々の冷凍ハンバーグを食べながらあることに気がついた。冷凍弁当には、食品添加物がほとんど入っていない。

消費期限をあまり配慮する必要がないので、同じ理由から、冷凍品は塩分が控えめにしてある。冷凍弁当や冷凍おにぎりは、健康的でかつ美味しく食べることができるのだった。

アバターのクルーに助けてもらう

ミニバスケットを抱えて、セルフレジに向かった。有人レジもあったが、セルフレジの前に立った。奥行きが広いレジカウンターには、セルフレジが3台並んでいる。ローソンのユニフォームを着たアバターのクルーが、縦長の画面に映っている。アバターが手助けしてくれるレジは、カウンターの一番奥にあった。

アバタークルー

リサイクルボックス

アバターが映っている画面は、「今不在にしています」と表示されていたが、1分ほど立って待っていると、すぐに「対応可」に画面の表示が切り替わった。レジの精算で困ったので、わたしから「こんにちは。アバターさん、質問してよろしいですか」と尋ねてみた。レジ袋もエコバッグも、自宅から持ってくることを完璧に忘れていたからだった。グリーンローソンでは、レジ袋を置いていない。

アバターが困っているわたしに、「すみませんが、周囲を見回してください。どこかにレジ袋かリサイクル用の紙のバッグがあるはずです」と助け船を出してくれた。入店した時に、入り口の右側のコーナーに、リサイクル用の紙袋が置いてある箱があったことを思い出した。

カウンターにバスケットを置いたまま、そこまで歩いて行った。「無印良品」の大きなロゴ入りの紙バッグを探してきた。これで準備万端。次に、アバターから、「お支払い方法は、どうなさいますか?」と尋ねられた。

「Ｓｕｉｃａ！」と答えると、アバターの説明にしたがって、タッチパネルで「電子マネー→交通系」の順に画面上のボタンにタッチした。かごの中から商品を取り出して、順番にバーコードをスキャンする。Ｓｕｉｃａをカード読み取り機にかざして、精算は終わりである。合計金額は１３５０円也。

アバターのクルーに向かって、「ありがとうございました！」とお礼を述べた。エコバッグを持参することを忘れたおかげで、アバターと楽しいコミュニケーション体験ができた。

3　開店から1年半後の変化

吉田プレジデントのキャリア

グリーンローソンを再度訪問した翌々日（7月8日）に、インキュベーションカンパニーの吉田泰治プレジデントにインタビューをお願いしていた。実際に自分で店舗を視察した後に、オープンから1年半後の実験店舗の実際を知りたいと思ったからだった。

吉田は、２０００年に「大阪有線放送社」（現・ＵＳＥＮ）からキャリアをスタートしている。その後は、ゲーム会社で新規事業の担当者として働いたあと、２０１０年11月に、ローソンの新規事業部門へ転職してきた。中途採用組のひとりである。

ローソンでは、約10年間、コンビニへのＥＣ導入など（例えば、ローソンのＥＣで新潟産のお米を売る）を担当していたが、2020年3月に新設された「新規事業本部」に部長職で異動になった。2023年に新規事業本部が「インキュベーションカンパニー」に名称変更された翌年に、プレジデントに就任している。インキュベーションカンパニーは、新事業を作り、管理していく部門だ。

グリーンローソンは、様々な新しい取り組みを実験する場所である。吉田は、新規事業開発の最高責任者として、グリーンローソンを統括する立場にある。インキュベーションカンパニーは、「大変革実行委員会」が取り組んでいる種々のプロジェクトにも関与している。グリーンローソンでの新しい取り組みや実験内容については、店舗理想形追求プロジェクトと連携し、より多くの店舗での拡大を目指している。

吉田には、わたしから事前に質問（以下の4点について、この1年半での大きな変化を教えてください）を準備していた。すなわち、①省エネの進展、②アバターの活用、③フードロスの削減効果、④その他の新しい取り組みについて、だった。質問項目のそれぞれには、2日前に北大塚の実験店で体験してきたことを確認する意味が込められていた。

省エネの進展

先に述べたとおり、グリーンローソンの店舗コンセプトは、「お客様・マチと一緒に未来に向けて創るサステナブルな店舗」である。その取り組みのひとつとして、オープン当初から省エネのために、冷蔵ケースに「開閉式のドア」を付けることにした。従来の扉に比べて、開閉しやすい軽い素材が用いられていた。

ところで、扉のない冷蔵ケースの場合は、棚の上部から冷気を下に向けて吹き出す。陳列棚の下には冷気を吸い取る吸い込み口がある。客からは見えない冷たい空気のカーテン（エアカーテン）が扉の役割を果たしている。[注28]エアカーテンがあるとはいえ、冷気はやはり逃げてしまう。扉のない冷蔵ケースを採用した場合、利用者がドアを開ける面倒はなくなるが、冷やすためにコストが余分にかかる。

初めての訪問の際に、新規事業担当マネジャーの只野から、「電力が40％ほど削減できています」との説明を受けていた。再訪問に際して、省エネのための開閉式のドアはすでに定着しているものとばかり思っていた。ところが、話はそれほど単純ではなかった。

「省エネの扉付きの什器については、グリーンローソンの観点では、効果も継続して出ています。ただし、実験店で出ている省エネの効果をどのように他の店に広げるかが課題です。今は数店舗（約10店舗）で拡大実験を進めています」（吉田）

北大塚の実験店舗から、導入店をさらに広げられるかどうかは、検証中の様子だった。吉田が指摘してくれた課題は、主として３つだった。

〈商品面〉冷蔵ケースの中の商材（季節によって商品が変わるので、そこで影響が出ないかどうか？）

〈使いやすさ〉扉を付けることで、お客様が手に取りにくくなる。それが売上に影響するかもしれない。とくに買上点数と来店客数に影響するのかどうか。

〈立地面〉例えば、店舗の立地で違いは出ないか？　都心のオフィス（ビジネスマン向け）、ロードサイド（ファミリー向け）で効果に違いがあるのではないか？

吉田の最後のコメントが、「省エネ」のむずかしさを表していた。

「離れていかれるお客様というのは、やっぱりサイレントに離れていきます。省エネだからいいというのは、われわれ企業としてはそうかもしれないですが、やっぱり、『コンビニエンスストアとして便利』ということも、ある程度担保したうえでやらないといけないというところがあります」（吉田）

アバタークルーの活用

グリーンローソンの店舗で、無印良品の紙バッグを探すのにアバタークルーに助けてもらった。レジで精算が終わる直前に、遊び心からアバタークルーにある質問をしてみることにした。

「アバターさん、あなたが今いるところは、大崎ですか？　淡路島ですか？　大阪ですか？」と尋ねてみた。大崎の本社でのインタビューで、アバタークルーがいる場所（コールセンター）が3カ所あることを知ったからだった。大崎にあるローソン本社の遠隔操作ルームで、アバタークルーが働いている様子を観察させていただいた。

アバタークルーからは、「いや、多摩からです」と返事が戻ってきた。大崎でも、淡路島でも、大阪でもない。わたしに対応してくれたアバタークルーは、今は在宅勤務が可能になったのだろうと思った。

吉田にこの話をしたところ、「当初は、大崎とか決められた拠点でした。設備の問題がありましたから。でも、今はそれが解消できたので、リモートワークもできるようになりました」との答えだった。在宅勤務ができるようになり、アバタープロジェクトの本来の目標だった「働き方の多様化」が実現できている。アバター活用の仕組みが進化していた。


なお、わたしが受けたような「セルフレジのサポート」がこれまでは対応の中心だったが、次の段階で目指しているのが、アバターが「年齢確認の業務」を担うことだった。

コンビニの店舗では、お酒やタバコのような年齢確認が必要な商品を扱っている。グリーンローソンでは、免許証やマイナンバーカードを読み取る機器が置いてある。それでも、最近ではスマートフォンだけしか持っていない顧客も来店する。

「スマホに全部決済機能が入っているので、財布は自宅に置いてきたという方もいらっしゃいます。免許証を出そうとしても、とっさには見つからないケースもあります。それをアバターさんがリモートで年齢確認に対応するというわけです」（吉田）

今店員がやっている役割を、アバタークルーに担ってもらうことにしたのである。現在、30店舗でテストを繰り返している。年齢認証のカードの読み取り機を、それだけのために設置すると、コスト的にも合わないからである。

「お酒とかタバコとかを買うたびに、従業員が呼び出されるわけです。そうなると、他の作業が中断してしまいます。全部をセルフでやっているのに、お客様のほうも、クルーさんを呼んでは悪いかな、になります。アバターがリモートで年齢確認できれば、その役割ができますよね」（吉田）

フードロスの削減

グリーンローソンの４つの取り組みの中で、最もハードルが高そうに見えたのが、フードロス削減だった。フードロスを減らすために、グリーンローソンでは常温弁当（廃棄率約15％）を置かないという方針で臨んだ。

当初は、弁当は冷凍弁当とまちかど厨房だけで、商品を提供していた。しかし、品揃えの幅が極端に狭くなるので、チルド弁当を取り扱うようにした。そうすることで、顧客から見た不便さは徐々に解消してきている。3つのカテゴリー全体で、弁当の売上もあがってきている。

フードロス削減へのもうひとつの対応は、注文をもらってから作るという流れだった。ゴーストレストランでは、それなりに売上があがってきている。ただし、店内に来てからオーダーしてもらうスキームは、あまり浸透していない。

「今は飲食店に行っても、注文できる端末が置かれています。タッチパネルを置いて、店内で注文して決済が終わるやり方ですね。グリーンローソンでも、近々、実験を始めることにしています」（吉田）

「ツーオーダー方式」（注文をもらってから作る方式）については、グリーンローソンは明らかな優位性を持っている。というのは、5分間とか一定の時間内に製造を終えるためには人手が必要である。しかし、レジを完全セルフ化しているので、グリーンローソンでは調理に人が充《あ》てられる。

なお、ツーオーダー方式で提供できる商品ラインナップに、例えば、5分以内に作れるような商品を大幅に拡充している。大盛りのスパゲティや焼きそばなどがそうである。調理でボリューム訴求するアイテムは、冷凍のものを店内でレンジアップして提供している。

「麺類などは十分に冷凍の耐性があるので、レンジアップした時に基本的には完成品になるように、かなり進化しています。パスタとか、本当にでき立て感が担保されているようなものもあります。既存の冷凍食品でもすごくレベルが高くなっています」（吉田）

夢のあるお掃除ロボット

最後の質問は、その他の取り組みについてだった。わたしがグリーンローソンに入って最初に目に入ったのが、「回収ボックス」だった。消費期限が近くなった食品などを、顧客が店に持ち寄るシステムである。「フードドライブ」という制度で、豊島区と連携しながら展開している。地域ぐるみで、持続可能な社会を作る取り組みのひとつである。

新しい取り組みの中でもっとも興味を引いたのが、「お掃除ロボット」の実験的な導入だった。ロボットには色々なタイプがあるそうで、コンビニの店舗で使えるロボットがどんなものかをグリーンローソンを使って検証している。

「スピードもそうですが、掃除する工程では掃くだけではダメ。ちゃんとモップもかけないといけない。掃除だけではなく、陳列棚を見て〝穴あき〟があったらクルーに知らせる機能があったほうがいいんじゃないかとか。今もテストを続けています」（吉田）

ロボットが店の中を巡回しているから、掃除以外にプラスアルファで何かできないかを模索しているわけである。わたしは、ショッピングモール内で、ロボットにコンコースを走らせ、各店舗の混雑度を測定する実験をしている動画を見たことがある。

吉田からは、ショッピングモール内で、ロボットにデリバリーと注文取りをさせている実験の事例を紹介してもらった。飲食店のチェーンに、配膳ロボットが導入されたのがわずか5年前のことだった。それが今では、普通にネコ型ロボットが店内を走り回っている。

Ｐｏｎｔａの対話型ＣＨＡＢＯＴ

ロボットの使い方で興味深い事例は、ポイントカードのキャラクターＰｏｎｔａのぬいぐるみを着た「生成ＡＩロボット」である。利用者が何か質問したら答えてくれる「ＣＨＡＢＯＴ（対話型ロボット）」。

吉田からは、夢のある話を聞いた。Ｐｏｎｔａに、「大塚駅の周辺でおすすめのお店ある？」と聞いたら、「ぼんご」と返事を返してくれたりする。そんな可愛いロボットをコンビニに置いておく。ちなみに、「ぼんご」は、おにぎりが美味しいので有名な、大塚駅近くにあるお店の名前だそうだ。

Ｐｏｎｔａが質問に答えられず、「ごめん。よくわからない」と言えば、「あー、そうなの」で済む。ところが、人間の店員に聞いて、「わからないです」と返事したら、たぶん「お前は何様だ！」とお叱りを受けるだろう。そこをＰｏｎｔａのようなキャラクターを使って、うまくコミュニケーションが取れるようにする。

「セルフに振っていくと、人の温かさとか、何かそういう面白みに欠けます。機械的になりすぎて無機質になるので、もう少し温かみというのを考えていきたい」（吉田）

わたしの印象もそれに近いものだった。基本的にセルフレジだけのオペレーションなので、グリーンローソンの今の店内では、音や香り、匂いがしない。厨房で調理作業をしていると普通は匂いがするものなのだけど、それもあまりしない。今の店舗に、エンタメ的な要素など、マチの賑やかさや自然な音や匂いが欲しいと思った。

4　未来志向の「インキュベーションカンパニー」

実験の総括――失敗を恐れない

最後に、カンパニーの最高責任者として、吉田にグリーンローソンでの実験を総括してもらった。わたしとのやり取りを編集して、以下で紹介させていただくことにする。
吉田「やってみてわかったことが結構、増えてきました。ＡＩ発注などもそうです。色んな武器が揃ってくると、全体的にフードロスのほうも最適化されてきます」
小川「ＩＴ系のプロジェクトの成果が実ってきているのではないですか？　アバターの取り組みを始めたのも、石黒浩先生（大阪大学教授）と一緒にやり出したのもけっこう前（２０１８年頃）ですね。『これは、本当に使えるのかな？』と最初の発表会で聞いた時に思っていました。でも、今は色々な投資が無駄になってないですよね」
吉田「諦めずにコツコツですね。『たとえ間違ったとしても、それがわかったことは成果なのだから』と竹増社長が自ら言っています。ここが駄目だとしたら、次はこっちを探してみようとか。新しい実験とか新しい取り組みで、失敗する度にクビになっていたら、僕は多分、首が5個くらい飛んでいます（笑）」
小川「似たようなことは、ヒロシさん（前田宏オーナー）が言っていました。特に直営じゃなくてフランチャイズだったので、商売にならないものはどんどん捨てていかないといけない」
吉田「そうですね」
小川「そのためには、色々なことをたくさんやらないといけない。今おっしゃった通りで、失敗は別にいいんだよと。ちゃんと儲かる方法がわかれば、それがわかっただけでもいい。自分がこの店（グリーンローソン）をやっていて、色んな実験をするので、一番新しい情報が自分のところに入ってくる。それを自分の45店舗に展開すればいい。もうそれで十分元が取れていると、ヒロシさんは商売人らしいことを言っていましたよ」
吉田「3年前は、全然日の目も見そうにないなというものや、なぜやっていたのかなというものが、急に脚光を浴びるようになることがあります。本当に駄目なものは切り捨ててリセットする必要があります。でも、芽があるのに上手くいかないものとかは、見方を変えたり、使い方を変えたりしたら、何かできるかもしれない」

スマホレジの活用法

小川「吉田さんの頭の中にあるもので、昔はできなかったけど今はやれるというものは、例えば、どの辺のですか？」
吉田「例えば、今のローソンのアプリの中に、スマホレジという機能があります。スマホのアプリで、商品のバーコードを読み込むものです。すごくいい機能なのですが、あまり使われていないのです」
小川「わたしは、知らなかったです」
吉田「そうですよね。レジに並ばなくていいです。自分で商品を取って、スマホでバーコードを読み込んで、会計をすればいいものです。これは、ローソンのサービスなので、ローソンのアプリの中に入っているのですが、お客様に便利に使ってもらうためには、もっといい方法があるのではと考えています」
小川「どんなやり方ですか?」
吉田「例えばａｕ ＰＡＹなどの決済アプリの中にスマホレジ機能を入れ、ローソンで使えるほうがユーザーにとっては便利なのです。並びたくなかったら、ローソンではこれを使ってくださいというほうが、アプローチとしては正しいのです。ＫＤＤＩさんとも今話しています」
小川「ローソンじゃなくて、ａｕさんの持つ決済アプリの中にスマホレジ機能から入ってしまえばいいのですね」
吉田「そうです。決済のアプリがあるのだから、お店でａｕ ＰＡＹで払うのと変わらないようにする。ａｕ ＰＡＹを開いて、ローソンで商品のバーコードをスキャンする。会計は、ａｕ ＰＡＹで済むから、いちいち色々な登録をしなくてもすぐできるのです」
ここまで来て、吉田から、ＫＤＤＩが高輪（東京都港区）に２０２５年春に、本社を移転する予定があるということを聞いた。新しい社屋にオープンする実験店で、新しいタイプのスマホレジを導入する提案がなされている。従来とは違うアプローチで、スマホレジが一挙に普及するかもしれない。

ＫＤＤＩとの提携がもたらす効果

ローソンの創業50周年記念事業で、グリーンローソンに続く新しい理想形の店舗を、ＫＤＤＩの新社屋内に出店することがすでに決まっている。

何度かの改善を経て、セルフレジ・カウンターの使い勝手がよくなっていることは、わたしが実際にグリーンローソンで経験してわかっている。現在、レジカウンターをよりわかりやすく、もっと流れをスムーズにする研究が進んでいる。そこに、ＫＤＤＩが持っているテクノロジーを活用することが考えられている。

また、種々のロボットの活用もテーマのひとつである。グリーンローソンではできなかったが、他の部門で取り組んでいる部分も含めて、新しい店舗に入れていく計画がある。ローソン側の責任者として、吉田も新店舗や関連する技術開発に関わっていくことになる。

ＫＤＤＩとの提携が進んでいくと、セルフレジやスマホレジの機能や使い方も変わっていくだろう。ＫＤＤＩのグループ内には、ローソンと同じように、インキュベーションを担っているユニットがある。子会社に投資をしたり、ベンチャー企業に投資している部署である。

「色んなテーマで、週に2、3回はＫＤＤＩさんと打ち合わせをやっています。特にわたしの部署は新しい技術をやっているので、ＫＤＤＩさんから提案を受けることがしばしばあります」（吉田）

しかし、ミーティングでは、「ローソンがこういうことをしたいので、あるいは、こういう課題があるので、そこに合った仕組みとかソリューションがないだろうか?」など、ローソン側からの課題提起が中心になっている。

例えば、同じようなロボットでも、ローソンが求めているものと、すでにあるものでは微妙に違っていたりする。ローソン側の要求に応えてもらえるラインナップが、既製品とは微妙に違うのである。そこは上手に調整する必要がある。

「僕らがやりたいのはこういうことだから、ここを満たしてください」とか、「いくら機械ができるといっても、コンビニの業務にはマッチしていないですね」とか。そういうやり取りをKDDIのチームと討議している。

「われわれが言っていることに対して、すごく真剣に対応してくれます。こういうことができればいいですねとか、本当にスピードが速いです」(吉田)

ローソンは、TOBで実に良いパートナーを見つけたものだと思う。

もうひとつの役割であるグローバル展開

社長の竹増からインキュベーションカンパニーに、もうひとつの重要なミッションが与えられている。それは、「テックカンパニーになる」の先にある、グローバル展開を見据えた新しい役割である。いわゆる「世界に先行する〝日本モデル〟」の開発である。

ローソンの店舗数は将来的には、海外が国内を上回る可能性がある。その場合、国内で開発した技術やビジネスシステムを海外に持っていくことが、海外で市場開拓したり、競合に対して競争優位性を発揮するための重要なポイントになる。

日本ではこの先、確実に少子高齢化が進展する。人口がどんどん減っていく。先進国の中で最初にそこを乗り越えていく国が日本である。そこから先は、欧米の先進国も、今は成長が著しいアジア圏の国も、日本に続いて同じような経験をすることになるだろう。

「竹増社長が目指しているのは、人口が減ってもビジネスが維持できる仕組みを作ること。それをテクノロジーでやるのか、人の手でやるのかは別として、次の50周年に向けてその課題に答えを出していくことが、竹増社長からわれわれのチームに与えられた使命なのです」（吉田）

第2章で見てきたように、人口が過疎な北海道、とりわけ稚内での種々の取り組みが、そのためのひとつのモデルになるように思う。日本で成立したモデルは、日本に続いていずれ少子高齢化がやってくる国々に広げていけるモデルになるだろう。

「インキュベーションカンパニーでは、グローバルなコンビニの未来を意識しながら、単純に省人化だとか、売上増だとかいうよりも、もう少し広い視野から、10年後、15年後を見据えて、われわれに何が求められているのかを意識して動くようにしています」（吉田）

第4章 女性初のカンパニープレジデント誕生

1 東日本大震災の原体験から

2011年3月11日の動き[注29]

午後2時46分。鷲頭裕子《わしずひろこ》は、いつも通りオフィスで仕事をしていた。突然、激しい揺れに襲われ、とっさに机の下に潜った。周囲のロッカーやキャビネットが激しく倒れる音に、これまで経験したことのない恐怖を感じた。

その当時、鷲頭は仙台の東北商品部でMD（マーチャンダイザー／商品開発）として働いていた。大きな揺れが来た直後、電気、水道、ガスなどのインフラがすべて止まってしまった。明かりもつかない。地震直後から情報が途絶え、状況が飲み込めないほど混乱していた。

その後は徐々に情報が入ってきて、鷲頭は被害の大きさを知って驚愕《きょうがく》した。

「津波で被害のあった店舗のオーナーさんやクルーさんが、仙台市内に避難されてきました。そこで、事務所内にあった食材と非常用発電機を駆使しておにぎりやカレーなどを作り、毎日のよ

うに皆さんの避難先に持っていきました」（鷲頭）
炊きだしのようなことをしているうち、1週間ほどして、電気や水道が復旧した。しかし、店舗の営業は再開できたが、十分な量の商品が入ってこない。とりわけ、温かいものが不足していた。

店内調理の設備を活用

当時、ローソンの東北支社では、店内調理のおにぎりに力を入れていた。

そのために店舗には米などの食材が備蓄されていた。また、コーヒーメーカーやフライヤーなどの器具もあった。

「温かい飲食物をお客様に提供したい」と店舗から相談を受けた鷲頭は、安平尚史支社長（当時）から許可をもらい、そうした設備や食材を利用して、お店で温かいコーヒーやおにぎりなどを作って提供してもらうことにした。

これが、お客様からものすごく喜ばれた。食べ物は避難所でも配られていたが、パンや缶詰のような決まったものが多かったからだった。

「目の前で誰かが作ってくれる温かい食事が本当にありがたい」と多くの顧客から感謝された。

この経験を通じて、鷲頭は、コンビニは地域社会に不可欠な支柱であると再認識することになった。

安平支社長の証言

鷲頭の上司だった安平支社長が、震災の翌年に刊行された社内誌『東日本大震災対応記録　それぞれの3・11』の中で、当時の東北支社の様子を記録として残している。[注30]

津波の直撃を受け再開の目処が立たない店舗を除けば、多くの店舗は営業できる状態だった。鉄筋の店舗は揺れによく耐えた。だが、店舗の「箱」はあっても肝心の「商品」が足りない。（中略）オリジナル商品であるおにぎりや弁当もベンダー工場が操業を停止していて生産再開できずにいる。

ただ、東北支社にとって幸運だったのは「手作りおにぎり」の存在だ。

ローソンでは以前から地方支社への権限委譲を進めており、各支社に商品部を置いて独自商品を開発してきた。東北支社では、安平の指揮の下、店内でおにぎりを調理して並べる独自の試みを2010年5月から始めていた。

商品の配送が途絶えた後も、原料や調味料などさえあれば店内で調理して店頭に並べられた。多くの場合、指定銘柄のコメは入手できなかったが、現場で問題ないと判断した材料は使った。店長が米穀店と交渉して入手したケースもあった。1日1000個のおにぎりを売った店も出た。

東日本大震災の経験がきっかけで、鷲頭は、店内の厨房で弁当やサンドイッチ、おにぎりを提供する「まちかど厨房プロジェクト」の責任者となった。そして、大震災の翌年（2012年）、東京に呼び戻された。

その後は、「まちかど厨房」を全店に導入する仕事を任されることになる。震災当時は約40店舗しかなかった「まちかど厨房」が、2024年末には、全国で9500店舗まで導入が進んでいる。

2024年3月、ローソンで初の女性カンパニープレジデントが誕生する。「まちかど厨房」や「マチカフェ」の全国展開への貢献が認められての昇進だった。ここからは、北海道カンパニープレジデントに就任するまでの、鷲頭のローソンでのキャリアを追っていくことにしよう。

2　ローソン転籍後の15年

山口の地方コンビニから転籍

鷲頭は、ローカルコンビニの「パコール」（本社：山口県防府市）からの転籍組である。当時のローソンは、ダイエー傘下のグループ企業のひとつだった。1989年にサンチェーンと合併したローソン（社名は㈱ダイエーコンビニエンスシステムズ）は、1990年代に山陰地方に展開していた「エーアンドビー」（1996年）など、地方のコンビニを次々と買収していた。

パコールも、その時に買収対象になった会社のひとつである。コンビニ部門は47店舗で、地元でスーパー「丸久」の傘下にあった。スーパー本体が経営不振で、フランチャイズの全店舗をローソンの看板に掛け替えることになった。1992年10月のことである。

当時、店舗運営部で西日本を担当していた今川秀一（現・常勤監査役）が、パコールの買収とシステム移管作業を指揮していた。今川によると、「調べてみると、パコール本体は大赤字。加盟店もほぼ全店舗が借金だらけ」というのが実情だった。
「でも、ローソンに看板を掛け替えると、30万円後半だった日販が50万円に上がっていきました。オーナーさんは、借金が返せて嬉しかったでしょうね」（今川）
1993年2月、当時20歳だった鷲頭は、ローソンに転籍することになる。転籍後は、主に中四国や九州地方の商品部で、商品開発の仕事を経験していた。

ローソンの社風が変わる

転籍後の鷲頭は、ダイエー傘下のローソンで10年弱を過ごすことになる。
「ローソンは、すごく商売っ気がある会社だなと思いました。セブン‐イレブンは、全国画一的な商売をされているのに対し、ローソンは地域に合った売り場や品揃えをしっかりしていて、お客様に近いところで商売をしているなと思いました」（鷲頭）
社内でよく話されていた「地域一番店になる」という言葉は、中内㓛《いさお》氏の商売人としてのDNAから来ていると感じた。ダイエーからローソンに移ってきた社員もたくさんいて、鷲頭には、OJTを通して小売業の専門知識を吸収する機会が与えられた。
2000年に、ローソンは三菱商事から出資を受ける。そして、2002年には、三菱商事から来た新浪剛史が、ローソンのトップに就任する。そこから、社員の仕事に対する姿勢が変わっていくことになる。

「（新浪社長になってから）目の前の商売をどうしていくかも大切ですが、ローソンが社会にとってどう役立っていくかを考えながら、仕事をするようになりました」（鷲頭）
社風が変わっただけではなかった。新浪社長の時代には、ローソンを代表する新しい商品やブランドが次々と誕生している。今では看板商品となったおにぎり（おにぎり屋、２００２年）、スイーツ（プレミアムロールケーキ、２００９年）、コーヒー（マチカフェ、２０１１年）などである。

プロジェクト方式で仕事が進んでいくようになる

三菱商事が入ったことで、仕事の進め方が大きく変わった。
「新浪さんは、ものづくりに対しても、トップとしての意向が強くて。そのときどきにひとりで社長にプレゼンするというより、プロジェクトで商品を作り上げていくようになりました」（鷲頭）
商品の開発は、個人技に依存するのではなく、「おにぎり屋のプロジェクト」「スイーツのプロジェクト」などのように、プロジェクト方式で開発が進められるようになった。また、各プロジェクトには、商品開発のＭＤだけではなく、マーケティング部や営業のメンバーらも参画してきた。今では当たり前になっているが、「部門横断的な開発方式」が、ローソン社内でも一般的になった。
ダイエー時代には、社員の自主性と挑戦の精神を大切にする雰囲気があった。今のローソンでも、自由闊達《かったつ》に仕事に挑戦する企業文化は受け継がれている。開発部門がプロジェクト方式で仕事を進めるようになって、新しい商品やユニークなブランドで成功事例が生まれた。そうした成功体験が、社内に伝搬して情報共有されるようになった。

「自然にアイデアを出し合って、仲間を集めてやっていく文化は、トップが交代しても変わらなかったです。竹増さんも、玉塚さんもそうでした。チャレンジをすることを恐れないでやってほしい。社員一人ひとりに、ローソン全社へのメッセージでも必ずおっしゃいます」（鷲頭）

3　東北支社での商品開発

マチカフェのスタート

2009年9月、鷲頭は、東北支社の商品部に異動することになる。そこで取り組んだのが、その後のヒット商品に繋がる「コーヒーサービス」だった。

東北支社に転勤した翌年（2010年）、カウンターで手渡しするコーヒーのサービスを始めている。

当時はコーヒーマシンの技術が今ほど高くなかったので、抽出がうまくできなかったり、マシンの清掃具合により品質にブレが発生した。そのため、従業員が抽出の状態を見て、クオリティを判断するようにした。コーヒーの抽出をやり直して、お客様に提供することもあった。

コーヒーを手渡しするサービスは、その後に、「ファンタジスタ制度」の創設に繋がっていく。副次的な効果としては、クルーの人材育成制度に繋がっていった（後述）。

東北支社で始めたコーヒーのサービスが成功しているのを見て、社長の新浪が「喜ばれているのだったら、全国でやったらいいじゃないの」と決断したことで、全国に広がり、後の「マチカフェ」に繋がった。

2013年、競合のセブン‐イレブンは、100円でコーヒーを提供するセルフサービスを開始した。ローソンは、それとは対照的に、手渡しでコーヒーをサービスする形で全国展開をすることになった。その最初の開発段階に携わったのが、東北支社にいた鷲頭だったのである。

北海道の「できたて厨房」がヒントに

「まちかど厨房」のスタートは、マチカフェよりも古かった。

その昔、北海道のローソンでは、「できたて厨房」という店内調理のサービスがあった。もともとは、地元コンビニのセイコーマート対策だった。セイコーマートが取り入れていた温かいおにぎりや弁当の提供を、北海道の数店舗でも実施していた。

そこに目をつけたのが、当時の支社長の安平だった。セブン‐イレブンが東北全県に出店してくる前に、競合対策の一環として、「まちかど厨房」の導入を検討していた。

「セブン‐イレブンは、手間暇がかかるようなことはやらない。それがわかっていたので、店内調理で美味しい商品を提供することにしたのです」（鷲頭）

鷲頭は、もうひとつの仮説を持っていた。「セブン‐イレブンはこの後、東北地方全域に出店してくるだろう。しかし、一旦はセブン‐イレブンに行かれたお客様も、店内調理のおにぎりやお弁当を求めて、必ずローソンに戻ってきてもらえる」と。

それが、手作り感のある商品を提案した理由だった。「まちかど厨房」の導入当初は、青森、秋田、岩手など、東北地方の北部に集中的に厨房のある店舗を広げていった。極寒の冬を経験する北海道と、東北の北部は気候や風土がよく似ているからだった。

東日本大震災があった２０１１年当時は、それでも導入店舗数は40店舗程度だった。鷲頭が東京に異動になった２０１２年から、「まちかど厨房」が全国に拠点を移して広がっていき、コロナ禍以降でさらに店舗数を拡大していくことになる。

サービス提供とコストのトレードオフ

インタビューで鷲頭の説明を聞きながら、わたしはひとつだけ気になることがあった。マチカフェもまちかど厨房も、オペレーションに手間がかかる分、コスト増になるのではないか？　たしかに顧客のロイヤルティは高まり、来店頻度も客単価も上がるかもしれない。しかし、それにはコストとのトレードオフがあるだろう。

鷲頭に、実務面ではどのように折り合いをつけているかを尋ねてみた。以下は、彼女からの回答である。


確かにコストで言うと、人件費を中心にプラスのコストがかかるのは間違いありません。ですが、続けているお店は、コストをかけてでも、そのために来てくださるお客様がいることが実感できるので続けられていると思います。

全国のコンビニチェーンでは珍しい店内調理自体がマグネットになり、新しいお客様が確実に増えるのです。そこのところを、皆さんが実感されていると思います。この事業自体はコストがかかりますが、その分集客に繋がり、お客様にお店のファンになっていただけるという手ごたえを感じている加盟店さんが多いと思います。

鷲頭は、店頭でお客様を観察していて、こんな事例に気がついたという。

例えば、米飯ケースやオープンケースの前に立って、何となく自分に合わないと思ったら、スルーして帰る顧客がいたとする。しかし、ある時からまちかど厨房の売り場に立ち寄って、そこで商品を見るようになる。もし商品がなければ米飯ケースのほうに行く。つまり、ローソンに来店する目的が、まずはまちかど厨房になる。

クルーの作業の習熟効果

まちかど厨房をやることで、リピーター顧客の増加や、新規顧客の獲得にプラスに働くことがわかっている。鷲頭は、来店客の行動が変わる要因に加えて、店内調理を担当しているクルーの作業状況を説明してくれた。

クルーさんの仕事についてです。初めはやったことがないので、弁当を1日20個作ってくださいと言っても時間がかかりますが、クルーさんは必ず修練していきます。

例えば、20個の弁当を作るのに1時間かかっていた人が、1カ月も経てばものの30分でできるようになったりします。短い時間で弁当やおにぎりを作るために、作業を効率化しようとします。

そういうプラスになった分を店内の他の作業で引き算することを、お店やSV（スーパーバイザー）やトレーナーが見つけ出してくれるのです。この事業を持続的に続けるために、本部や加盟店が一緒になって何を引き算できるかを考えます。セルフレジなどもそうかもしれません。店舗全体で引き算を考えられているので、（コストが単純には）プラスオンになりません。

経営学の用語で言う「経験効果」、あるいは「習熟効果」が、クルーの作業に関して働いているのだった。ひとつには、時間の経過とともにクルーの作業効率があがっていくこと。もうひとつが、十分な調理時間を確保したいがために、クルーが他の作業を効率化するようになることだった。

結果として、一旦導入したら、店内調理を途中でやめるケースが極めて少ないということになる。店内調理のサービスから離脱する店がほとんど出ないので、この10年間は、導入店数が右肩上がりで伸びてきた。すでに全店の約7割が取り入れて、もうすぐ1万店に届く勢いである。

小さいお店では、厨房機器を入れられないところもあるが、ローソンとしては、「基本的に入れられるところはすべて入れよう」という方針でいた。そうした中で、コロナ禍で大変革実行委員会のもと、導入店舗数が大幅に伸びることになった。

4 まちかど厨房のフィールドワーク

ローソンSOCOLA日吉店

２０２４年1月23日朝９時に、東急東横線の日吉駅（神奈川県横浜市）で、杉原弥生シニアマネジャー（ローソン広報部）と待ち合わせた。ローソンＳＯＣＯＬＡ日吉店の取材のためである。「まちかど厨房」の開発と拡大を推進してきた鷲頭（当時・商品本部　商品サポート部長）とのインタビュー（２０２３年4月18日）で、ファンタジスタ制度があることを知ったからである。

「ファンタジスタ制度」とは、「ＭＡＣＨＩ　ｃａｆé」「ＦＦ」「まちかど厨房」「接客」の４部門で、全国のクルーがチャレンジできるステップアップ制度である。試験に合格すると、「ファンタジスタ」として認定される。ファンタジスタの資格を持つクルーは全国で約２万人（全体のクルーは約20万人）。その中から地方で選出された「グランドファンタジスタ」が約１０００人いる。その代表（ファイナリスト）の約50人が年に1回、品川区大崎のローソン本社に集まる。

わたしからのリクエストで、鷲頭が取材時に話していた内容を、実際の店舗で確認させてもらうことになった。まちかど厨房のファンタジスタとして、店舗観察のために選んでいただいたのが、２０２３年関東地区代表選手の大林百合亜《ゆりあ》さん。彼女が働いている店舗は、ローソンＳＯＣＯＬＡ日吉店だった。

まちかど厨房の観察から見えたもの

日吉駅に降りたのは、大学入試以来で52年ぶりだった。慶應大学正門の付近は、慶應高校の入学試験当日で混雑していた。日吉店に到着したのが9時15分。挨拶後すぐに、紙製の衛生帽を装着して厨房に入り、大林さんの作業を観察させていただくことになった。

大林さんの勤務時間は、9～15時。まちかど厨房は、パートタイマー4人が交代で勤務している。ここは、ローソン11店舗を経営する吉野文章ＭＯの店舗。大林さんはレジ接客を中心に働き始めたが、４年前に厨房を希望。吉野が経営する2店舗で働いたあと、ＳＯＣＯＬＡ日吉店に移ってきた。

午前の作業（9～11時）は、米飯の弁当など25食、パン食のサンドイッチなど6食分。合計31個で、予定販売額は2万円。指図書《さしずしょ》（スリップ）通りに、4～10個ずつ順番に商品の製作が始まる。

2時間の作業は、チキンとロースカツサンドから始まった。ご飯が炊けてからは、から揚げ弁当・タレ唐スパイス弁当（新製品、各地の食材を使用）、スンドゥブスープ・カレースープ（期間限定商品）、海鮮かき揚げ丼・親子丼・チキン南蛮弁当で、全体の作業は終わった。

1回の作業（タクト）が、平均10～15分。平均販売単価は６００円前後、商品単価は５００～７００円。狭い厨房の作業動線上で、メモを取りながら、スマホで写真を撮影した。大林さんは、パティシエ志望だったらしい。

ローソン SOCOLA 日吉店

それを踏まえて、「どうして厨房で働きたいと思ったのですか？」という質問を投げると、「①厨房で調理するのが好きで、②自分たちで提供するメニューを選べる（商品が画一的ではない）、③4人がチームで働いていて、それぞれ得意分野が異なるので、メニューの変化を楽しめる」との答えが返ってきた。

ちなみに、作業場には、彼女たちが相談して選べる標準企画メニューが、50～60個ほど用意されていた。④製造個数も自分たちで決めることができる。大林さんの作業を見ていて感じたのは、⑤流れ作業ではないこと（いわゆる、セル生産方式）。⑥基本的にパーツは、冷凍食材でモジュール化されている（例えば、から揚げ弁当だと、ご飯、千切りキャベツ、から揚げ、赤かぶのおしんこから、パーツが構成されている）。⑦デリバリー対応商品は、ＦＤＣ（フローズンセンター）から、ほぼ冷凍パーツの状態で運ばれてくる。

店頭と厨房の作業風景

まちかど厨房の3つの強み

まちかど厨房の作業がうまく機能していることは、3つの観点から整理できる。
(1) 働いているクルーたちにとって、「楽しい職場」であること
・販売する商品を自分たちで選択できる。
・セル生産方式のため、作業が単調ではない。しかし、作業の習熟効果は上手に働く。
・自分たちで作業プロセスを組み替えるなど、創意工夫の余地がある。
・個人の技能と好みを商品に反映できる。例えば、商品の見栄えをよくするとか、作業を自分に合うように効率よくできる。
(2) 店舗（会社）にとっての経済メリット
・商品の廃棄ロスがほとんど出ない。まちかど厨房の弁当の場合は、固定客に支えられている面が大きい。「需要予測をほとんど外さない。標準メニューを販売しているので、外した後でも調整がうまくできるのです」（大林さんのコメント）。
・FDCとCDC（エリアデポ）からデリバリーされた冷凍部品とカット野菜などを組み合わせて、最終商品が完成する。しかし、揚げ物やご飯は店内調理だから、冷凍品を解凍して再加熱しているだけなのに鮮度が良い（と感じる）。
・この店内調理の仕組みは、1990年代に食品スーパーマーケットが、一部の商品カテゴリ

ー（鮮魚や精肉、惣菜）で大規模施設で集中的に調理するセントラル方式をやめてしまったことを彷彿とさせる。例えば、関西スーパーやサミットストア、食品スーパーのヤオコー（埼玉県川越市）のインストア加工処理など。
（3）　来店客にとって嬉しいこと
・コンビニでも、新鮮で温かい米飯類やサンドイッチを食べることができる。
・一部の店舗では、キッチンが見えているので、できたてを確認できる。
・ランチタイムで販売しているのは、レジで接客しているクルーさんたち（厨房で弁当を自分で作った人）。ロスが出ないように、わずかの時間だが、店頭で陳列を修正して販売することができる。

フィールドワークの総括

ここまでの観察記録を整理してみる。よく言われる「サービスのトライアングル」で、この枠組みの優れている点（ベネフィット）を説明できる。
（1）　会社と店舗の経済性・利益
商品の消費期限は8時間（作業終了は11時〜18時、撤去作業が1時間前）だが、それはほとんど問題にならない。衛生管理をしっかりしてさえいれば、まちかど厨房のシステムには決定的な問題点（安全面、経済性、作業の困難）はないように見える。

（2）　従業員の高いＥＳ：従業員満足
冷凍パーツを解凍し、インストア加工して商品化する作業プロセスは、経済的に成り立つだけでない。そこで働いているパートさんたちにも、良質な職場環境を提供している。
（3）　高水準のＣＳ：顧客満足
ランチタイム（11時45分～12時45分）に「まちかど厨房の陳列コーナー」を来店する顧客を観察していた。店頭に来る顧客は、多少時間をかけて立ち止まりながら、となりのチルド弁当やおにぎりと比較しながら、厨房商品を選んでいた。わたしも提供されている商品を購入して試食したが、できたての商品は温かくて美味しい。

チルド弁当などに比べて、これら厨房系の商品群には優位性があるように見えた。それは、単にできたての温かい弁当を提供しているだけでなく、接客の要素（声掛け、陳列の移動・変更）が加わっているからだと思う。
まちかど厨房の仕組みは、企業、従業員、顧客にとって「三方よし」の仕組みになっている。もちろん、一部の店舗では作業の大変さが負担になっているケースもあるが、鷲頭のインタビュー内容は、店舗（厨房）での観察によって裏付けられることになった。

5　ローソン女子社員のロールモデル

作業システムの変更

「まちかど厨房」を始めてから十数年が経過している。個別の店舗でも、調理作業の仕組みは徐々に改善されてきた。しかし、全体の仕組みが大きく変わったのは、調理と品出しのタイミングを「作り置き方式」に変えたことだった。

「今は前もって作っておいて販売しています。ところが、当初は〝ツーオーダー〟で提供していました。それが、作業的にも事業的にも、店舗数を広げていくうえで足かせになっていたのです」（鷲頭）

ツーオーダー方式では、注文を受けてから作り始める。だから、たとえ注文が来なくても、食材を準備したり、ご飯を炊いておかないといけない。そのため、フードロスが発生する。もうひとつは、常に人員を配置してスタンバイ状態にしなければならなかった。

そこで、思い切って作り置きにすることを決断した。コスト面もさることながら、お店の心理的な負担を軽減するためだった。問題点は、作り置きした商品の販売許容が製造後8時間しかもたないことだった。

この方針転換で、顧客を待たせることがなくなった。作り置きしておけば、商品はすぐに購入できるからである。

ツーオーダー方式から作り置きに

「作り置きにしてから、店内調理に対しお店が前向きに取り組んでいただけるようになりまし

た」（鷲頭）
この決断は、まちかど厨房の事業拡大にとって大きな転換点になった。大きく変わった点は、店内での作業効率や改善に、「段階的」に取り組めるようになったことである。調理作業には、おにぎりや弁当、調理パンというカテゴリーがある。それぞれのカテゴリーで調理の難易度が異なる。
「東北支社の時は、一番初めにおにぎりからスタートしました。おにぎりを作れて終わりではなく、次にサンドイッチに取り組みます。それができたら、弁当に取り組みます」（鷲頭）
店内調理で、スタッフは階段式に努力していく。ステップアップの仕組みができあがっていった。ひとつのことができたら次を頑張るというのは、「ファンタジスタ」の認定システムと似ている。まちかど厨房の導入店舗がここまで増えた理由のひとつが、漸進的な改善システムの導入だったのである。

北海道カンパニープレジデントに就任[注31]

鷲頭は、まちかど厨房やマチカフェ事業の全国展開を指揮してきた。

その後は、商品本部のカウンター商品部長や、ナチュラルローソンの商品部長を歴任する。そして、2024年3月、鷲頭は北海道カンパニープレジデントに昇進することになった。

カンパニープレジデントへの就任は、青天の霹靂《へきれき》だった。

鷲頭は、内示を受けてから、しばらく放心状態に陥っていた。ローソンでは初の女性プレジデントだったからである。重責を果たせるだろうかと不安だった。

そんな鷲頭の背中を押してくれたのが、仲間や先輩、女性社員たちからの「おめでとう」の祝福と励ましだった。

「鷲頭さんはローソンで働いていくうえで、わたしたちのロールモデルなんですよ」というメッセージを、プレジデントへの就任の直後に、社内で鷲頭と一緒に仕事をしている元ゼミ生の女子からもらった。

「わたしの就任で喜んだり、希望を持ってもらえる人がいると気づいた時、より一層の責務を実感しました」（鷲頭）

後進にもチャレンジの機会を

ウェブメディア『ローソングループ公式ｎｏｔｅ』（2024年4月16日号）のインタビューで、「長い間、働いてみて感じるローソンの良さは？」との質問に鷲頭は答えている。
「個性を尊重してくれるところですかね。それと、チャレンジ精神を醸成する風土や一緒にチャレンジする仲間がいるところです」（鷲頭）
鷲頭のローソン生活は、最初に所属した会社が変わったり、ローソンに転籍してからも、九州から東北に行ったりと、たえず異動を繰り返してきた。
「でも、一番の良さは、性別やバックグラウンドは関係なく、その人の能力や仕事の結果で評価してくれるところですかね」（鷲頭）
ローソンには、色々なチャレンジを応援する風土がある。鷲頭自身も、「0から1を作る仕事に関わることができて、とてもラッキーだった」と言う。歴代のトップから明確なミッションが示され、実践の中からノウハウを蓄積できた。

「次の世代の人たちに、どんな小さなことでもいいので挑戦することで得られるやりがいや喜びを感じてもらいたい。そのために全力でサポートしていきたいと思っています」(鷲頭)

第5章 ロールケーキを切り刻むスイーツ開発リーダー

1　スイーツ女子部長の来歴

『ジョブチューン』に出演！

ＴＢＳテレビ系列で、土曜日の夜に放映されている『ジョブチューン』という番組がある。様々な職業のプロフェッショナルが、自らの職業のヒミツを公開する職業情報型バラエティー番組である。

この番組に、「ジャッジ企画」というシリーズがある。著名なシェフたちが、大手企業が開発した新商品（スイーツ、すしネタ、レストランメニューなど）を専門家の視点からシビアに判定する企画である。

ジャッジ企画シリーズでは、ローソンは何度も自社の商品を番組に登場させている。7人のシェフ全員から「合格点」がもらえたローソンのスイーツは、プレミアムロールケーキなど過去に22品目あった。

当初から、鎧塚俊彦《よろいづか》シェフや安食雄二《あじき》シェフの鋭い質問に、しなやかながら堂々と対応する役回りを演じてきたのが、坂本眞規子《まきこ》部長である。坂本は、ローソン商品部で開発リーダーを長く務めてきた。東京本社から仙台の東北商品部に異動してからも、ＴＢＳの番組に出演するため、わざわざ上京してきている。

ローソン商品部を代表して、『ジョブチューーン』の出演者に推薦した竹増の「坂本さん評」である。


坂本さんには、『ジョブチューーン』でスイーツの合格不合格（ジャッジ企画）が始まった時、第１回から出てもらいました。準レギュラーメンバーです。彼女がどーんと構えて、皆を率いて番組に出てくれている。

あの番組は、メンタルにすごくストレスがかかります。「不合格」と言われてしまうので、あまり出たがらないんですよ。そこを彼女が引っ張って、皆をまとめてやってくれる。そういうどーんと構えて、しっかりとやってくれる信頼できるリーダーです。

今は東北の支社長、カンパニープレジデントですね。

（２０２４年4月19日、インタビューより）

美味しいイチゴシューが食べたくて入社

坂本のローソン入社は１９９８年。１９７６年生まれで、ローソンとはほぼ「同級生」だ。入社の動機が変わっている。

「大阪出身ですので、ローソンにはとても馴染《なじ》みがあります。ローソンとともに育ってきた感じです（ローソンの1号店は大阪府豊中市の「桜塚店」）。中学生の頃は家が大阪市内だったので、家の周りにコンビニが比較的たくさんありました。
学校に行く手前に1店、自転車で5分ぐらい行ったところに1店とか。そういったところに新しくお店ができて、そのお店で手軽に美味しいイチゴのシュークリームが食べられるようになりました。それがきっかけで、コンビニに入りたいなと思っていました」（坂本）
入社した1998年4月は、ダイエー傘下のローソンだった。約2年半、大阪本社（江坂東洋ビル）の近くの3つの店で店社員・店長を経験した。入社以来ずっとキャリアプランには、「商品部配属を希望」と書いていた。それが人事部の目に留まって、2002年3月に中部商品部のアシスタント・マーチャンダイザーとして、MDの仕事を始めることになる。
坂本が入社した頃は、店舗営業を経験せずに商品部に直《じか》に配属された女性もいた。女性が少なかった時代で、会社としても女性の登用を早めようという方針だった。そうした流れもあって、坂本も商品開発の仕事に携わることができた。

ウチカフェ担当を経て、バスチーをヒットさせる

その頃、取引先のメーカーでも、女性だけの開発チームを作る動きがあった。ローソンでも、女性向けに商品を作るチームを発足させた。女性3名のチームだったが、そのうちのひとりに、坂本が抜擢された。

この部署は1年で発展的に解消して、その後は、近畿商品部で冷し麺やサンドイッチなどの開

発を担当した。その5年後に関東商品部へ異動になり、念願叶ってデザートの担当を任されることになった。

2009年は、ローソンの商品部にとって記念すべき年である。「ウチカフェ」の開発部門がスタートし、コンビニスイーツの先駆けとなった「プレミアムロールケーキ」が誕生した年である。その年に坂本は関東商品部でデザートを担当する。その後は、2、3年おきに担当エリアを異動して、2017年にシニアマネジャー（部長職）になった。翌年3月に、デイリー商品部で管理職としてベーカリー・デザートを担当することになる。

2019年3月、「バスチー（バスク風チーズケーキ）」が発売になる。その担当部長として、バスチーの大ヒットを成功に導いた。それまで、ローソンのデザートでは、発売後に最高の売上を達成したのは、2009年のプレミアムロールケーキだった（5日間で100万個）。バスチーは、その記録を塗り替える大ヒット商品になった（3日間で100万個）。

2022年に新設された「商品コンセプト開発部」の部長を経て、2023年からは、東北商品部の部長に着任することになった。

2 エリア対応に奔走した東北商品部長時代

高校生との共同開発の始まりだった「金農パン」

「金農パン」のサンプル商品

２０１８年、現・オリックス・バファローズ所属の吉田輝星《こうせい》投手が高校３年生の夏に、金足《かなあし》農業が全国高等学校野球選手権大会で決勝進出を果たした。決勝戦では敗れたものの、秋田県の高等学校として決勝戦までコマを進めたのは、第１回大会（大正４年、１９１５年）で、京都二中に敗れた秋田中学以来の快挙だった。

その余勢を駆って、金足農業とローソンのコラボ商品「金農《かなのう》パン」が大ヒットした。金農パンは、実は２０１２年から金足農業高校の生徒たちと共同開発してできた商品で、秋田県内のローソン約１９０店舗で、期間限定で発売が始まっていた。

２０１８年5月には、「金農 パンケーキ」「金農 デニッシュドーナツ」の２種類が販売された。金農パンは、秋田県産あきたこまちの米粉と卵を使って、もっちりとした食感の生地に仕上がっていた。それには秋田県潟上《かたがみ》市の「小玉醸造」のしょうゆが練り込まれ、りんごの蜜漬けも挟み込んであった。

販売は6月で終了していたが、金足農業が甲子園で勝ち進むにつれて、ＳＮＳなどで再販売を希望するコメントが多数寄せられた。8月23日から急遽「金農 パンケーキ」を県内で再販売したところ、これが大反響を呼び、入荷すると連日即完売した。店舗には早朝に入荷するが、金農パンケーキを求めて行列ができるほどだった[注32]。

金農の事例以外にも、２００８年からローソンは全国の高校生と独自の商品を開発してきた。ポイントは、高校生たちの発想で、地元の食材を使ってその地域ならではの商品に仕上げていくことだった。販売エリアも、秋田県内や東北エリアなどに限定して、地産地消をコンセプトに学生たちと取り組んできた。

自治体や高等学校とコラボレーションする狙い

坂本が東北商品部の部長に着任してから、岩手県や宮城県の自治体、仙台商業の生徒たちとの商品開発で連携を進めてきた。自治体や高等学校とのコラボレーションには、良い点が2つあるという。

「金足農業の事例のように、売上が大きく伸びるということばかりではないですが、地域住民の方に、ローソンに愛着を持ってもらえることが大きいです。特に若い子たちに、ローソンを好きになっていただくきっかけ作りになると思っています」（坂本）

仙台市と連携した「スチューデントシティ」では、小学5、6年生が体験を通して社会・経済を学べ、様々な企業がブースを出している。ローソンのブースでは、小学生を対象にコンビニの職業体験を提供している。

もうひとつ良いことは、ローソンの商品部にとって、高校生の食生活や小中学生の生活実態などを知ることができることである。コラボレーションは、それを知る良い機会となる。マーケティングにとっても役に立つことがわかった。

坂本からは、具体的なケースを話してもらった。

例えば、高校生の子たちは、ずっとYouTubeとかを見ているので、食べるものは、「ながら食べ」がいいとか。

そういう言葉が出てきたりすると、わたしたちにも気づきがあります。彼・彼女たちの発想や実態を知ることが、マーケティングにも使える。お客様としてローソンに愛着を持っていただき、わたしたちが生活実態を知ることで商品開発に繋げられる。この2つかなと思っています。

通常の調査では、顧客の動きの観察や、インタビューをおこなって、生活実態を把握する。この場合、学生たちに実際に商品を開発してもらうことを通して、彼らの消費活動や食の実態に迫ることができる。コラボレーションが最も効率の良いリサーチになり、そこからアイデアが生まれてくることがある。

ローソンのスイーツを食べたことがなかった夫

坂本夫妻は、大阪の大学で知り合って2004年に結婚した。別々の会社なので、これまでは、夫が転勤になるとその後を追いかけて、近畿―関東―近畿―関東を行ったり来たりしていた。
「今の仙台転勤では、初めての単身赴任を楽しんでおります（笑）」（坂本）
ところが、仲の良い夫婦のはずなのに、どこかのインタビューで、「夫が、せっかく自分が開発したもの、バスチーとかロールケーキとかを食べたことがない」と話していたことを思い出した。不思議に思ったので、その理由を尋ねてみた。
小川「ロールケーキを発売した時、関東商品部でデザートを担当していましたよね」
坂本「はい。ローソン初の大ヒットだったので、わたしはたくさん食べています。お店から商品を買ってきています。ところが、家ではそれを切り刻んでしまうのです」
小川「なるほど。切り刻むって、なんのためです？」
坂本「買って帰って、切って、計って、クリームの食感を確認したり、スポンジの食感を確認したりします。きっと夫も食べているだろうと勝手に思っていたのです。
　ところが、ある日、6年ぐらい経った頃ですかね。デザート担当から一時離れた時に、『ローソンで何かデザートでも買おうか』と言ったら、『実は一度も食べたことないんだよね』と言われました。『えーっ、そうだったんだ』みたいなことに」
小川「じゃあ、それまではずっと、旦那さんは隣でじっと眺めていただけなのですね」
坂本「そうみたいですね。わたしがいつも『仕様が悪い』とかぶつぶつ言っていたので、本人は『食べたい』と言えなかったみたいです。自分が担当していると、商品は食べるものというよりも、確認するものになってしまいます」
夫婦の会話がどうなっていたのか知る由もない。しかし、どうやら自宅でも、「こんな商品を担当している」という話はしていなかったようだった。
自分が開発を指揮した「バスチー」についても、新発売になる時に、テレビを観ていた夫に、

「ローソンから、こんな商品が出るんだね」と言われたことがあったという。「あ、これ、わたしやってるよ」と、夫婦の間で驚きの会話が交わされていた。

3 ローソンスイーツ開発の歴史

「コンビニ・スイーツ時代」の幕開けになった「プレミアムロールケーキ」

10年ほど前に、経営学部のゼミ生がコンビニのイメージ調査をしたことがある。例えば、「ローソンといえば、どういうイメージを思い浮かべますか?」といった質問を、社会人や学生に尋ねてみた。調査は予想通りで、「コンビニ・スイーツといえば、ローソン」という結果になった。「スイーツ→ローソン」という連想はどこから来たのか?　坂本から、そのルーツについて解説してもらった。社内でスイーツ事業がスタートしたきっかけについての説明は、わたしにとってはちょっとした驚きだった。

２００９年に、「ウチカフェ」でローソンはロールケーキを発売する。それ以前は、コンビニのスイーツを買うのは、ほぼ8割が男性だった。そのため、ローソンでも「メンズパフェ」などのような男性向けのスイーツを作っていた。

ところが、当時の新浪社長の、「世の中を眺めてみると、スイーツは女性がたくさん買っている。コンビニでも、女性をターゲットにしたスイーツに商機があるのでは?」という意見を受けて、当時の担当者が女性向けのスイーツ開発に取り組み始めた。

スイーツの開発プロジェクトを始めたのは、鈴木嘉之リーダー（当時）だった。坂本も、関東商品部でスイーツを担当したひとりだった。

おにぎりからスイーツに開発の花形が変わる

それまでは、弁当やおにぎりがコンビニの花形商品だった。そのため、弁当やおにぎりのカテゴリーでは、長年培ってきた商品開発の仕組みがあった。人材も投入して、原料の供給体制も整っていた。ところが、デザートの開発では、仕組みが何もできていなかった。

しがらみがない部署だったので、自由な形でプロジェクトはスタートした。そして、新しいスイーツブランドの「ウチカフェ」を立ち上げるチームを作った。その看板商品が、ロールケーキだった。逆説的になるが、顧客はコンビニ・スイーツに期待していなかった。スイーツ開発チームは、社内的にもあまり期待されていなかった。それがよかったのかもしれない。

「男性向けのスイーツから、女性のためのスイーツに！」のひと言が、コンビニ・スイーツに道を拓《ひら》いたことになる。少し前にヒットした「おにぎり屋」のブランドがきっかけになった。それに続いて第2弾が、強力アイテムのスイーツだったのである。

10年後に、今度は管理職として、坂本が「バスチー」を始めることになる。きっかけは、スイーツの部門が一時期、少し伸び悩んでいた時期があったからだった。

バスチーがヒットした裏事情

プレミアムロールケーキのヒットがあって、「ローソンのスイーツは美味しい」と評判になった。学生の調査でも、「コンビニ・スイーツと言えば、ローソン」だった。ところが、２０１７年から２０１８年にかけて、ローソンのスイーツが伸び悩んでいた。

坂本たちが実施した消費者調査で、意外なことがわかった。

「お客様に伺ってみて、すごく印象に残っているお話がありました。若い女性の方が、何か新しいもの食べたいとなると、まずは競合に行きます。美味しいとわかっているので、何もなかったら最後に安心感のあるローソンに行くというのです」（坂本）

ロールケーキは美味しいとわかっているので、ローソンが選ばれる。しかし、新しくて珍しいものを探しに、ローソンに来てくれてはいなかった。

その時、スイーツの開発を担当していたＳＭＤ（シニア・マーチャンダイザー）の東條仁美と、「ローソンって今、デザートにワクワク感が欠けているんじゃないか」という話になった。

「ワクワク感のある商品を、新しいものを探しにローソンに来てもらおう」と考えてできたのがバスチーだった。先輩たちが築いてくれた「ローソンっていつも新しいものをやっているね」というイメージを回復するために取り組んだのが、バスチーだったのである。

坂本たちの調査からわかったことがもうひとつあった。

「ローソンのロールケーキが好きで、よく買っています」と答えてくれた回答者の中には、「５年前から、実際にはロールケーキを食べていない人がたくさんいる」という結果が出てきた。ローソンのスイーツが美味しいと思ってくれてはいるが、ロールケーキが最初に選ばれるものではなくなってきていたのだった。

他社と異なるベンダーとの取り組み

竹増が社長となり、バスチーの開発が始まった。スイーツ部門の伸び悩みの理由がわかったので、坂本としては、以前のように自由な発想で商品作りにチャレンジすることにした。竹増も「自由にやったらいいよ」と坂本にすべて任せてくれた。

スイーツだけでなく、競合他社の場合は、新商品はベンダー主導で開発が進んでいるようだった。他社のコンビニ本部は、ベンダー側が提案してきた商品の中から選んでいることが多いという話も聞く。

わたしは仕事柄、コンビニ各社から新しい商品が出ると、スイーツの棚をチェックして回っている。競合他社のスイーツは、たいへんに申し訳ないが、コピー商品にしか見えないことがある。後追いの商品企画で、ベンダーが提案した中から、売れそうな商品を速攻でセレクトする方式に見える。

一方で、ローソンの場合は、ベンダーとの関係が良好なので、最初から一緒にコンセプトを考えるのだという。実際の商品作りでも、お互いの協力体制ができあがっている。ウチカフェの誕生以来、ベンダーとローソンの間で、10年以上も続いている伝統である。

関西の大手惣菜メーカーの経営幹部から、神戸の中華街（南京町）で開催される春節祭や中秋節などの協賛事業で、ローソンと協力して商品開発をする際、同社が監修で協力した経験談を聞いたことがある。同社は１９７２年の創業以来、地域活性化イベントにメイン・スポンサーとして協力してきた。

「関西で暮らすものとして、コンビニは常にローソンに親近感があります。南京町とのコラボ商品開発でも、競合のコンビニはあくまでビジネスライク。提携期間が終わると、平気で自社の商品として販売を続けます。

一方でローソンは、必ず仁義を大切に対応してくれます。今も秋の中秋節、旧正月の春節祭では、コラボ商品を一緒に開発して販売を継続しています。近畿地区限定ですが、売上データも公表してくれます」（友人のN氏）

4　坂本流　商品開発の考え方

スイーツ開発に必須の３つの着眼点

インタビューの中でおもしろかったのが、スイーツを開発する時の視点（切り口）だった。スイーツ開発で大切なポイントを、坂本から３つ挙げてもらった。
①　大切なのは味だけではない。
②　まずは「食べるシーン」から考える。
③　ターゲットの切り分けが、必ずしもデモグラフィック（性年齢）ではない。
たしかに、スイーツの美味しさを構成する要素として、誰でも考えそうな「味」だけではなく、「食べるシーン」や「見た目」が重要だと思う。美味しそうに見えないと、味が良くても見

向きもされない。美味しさだけではない側面も、スイーツ開発の時には考えないとだめなのだそうだ。

部内の開発者（マーチャンダイザー）が商品をプレゼンしてくれる時、坂本は、「味のことはあまり言わないようにしている」という。なぜなら、味は人によって違うからだという説明があった。

「最初に、どんな人に、いつどんな時に食べてもらいたいのか。デザートの場合は、とくにそうなります。美味しいのはもちろんですが、食べる時はどんな気持ちなのか？　デザートは、身体にとって生き死にに関係する食べ物ではないです。どちらかというと、『心を満たす食べ物』です」（坂本）

どんな気分でスイーツを食べるのかとなると、見た目や形が気分に影響する。味は美味しくしないといけないが、「これを食べて幸せになった」とか「食べてほっとした」とかの気持ちの変化が大切になる。

「その時に、どんな商品がいいのかという食べるシーンを思い浮かべてから、商品を考えるようにしています。例えば、お母さんがふと時間が空いた時、『ちょっと一口だけ食べてみたい』という時なら、どんなものがいいのか。『食べる形はどんなものがいいのか』とか『見た目としてもどんなものがいいのか』と考えます」（坂本）

今日のスイーツのトレンド

最近のスイーツ系のトレンドについて、わたしから坂本に尋ねてみた。

正直に白状すると、わたしは決して洋菓子派ではない。むしろ、どら焼きや羊羹《ようかん》、草餅の類《たぐい》が好きな和菓子派男子なのだが、坂本が繰り出してくるフィナンシェやマドレーヌ、カヌレの話につい引き込まれてしまった。
スイーツのトレンドは、安心感であり、懐かしさへの回帰らしい。
坂本「ちょっと古いかもしれませんが、最近はやっぱり安心感がトレンドだというふうに思っています」
小川「安心感というと？」
坂本「例えば、昭和レトロが流行《はや》っているというと、『萌え』とか『映え』と言われていると思います。でも、実はその奥には、『お父さんやお母さんが食べていたもの』『何か懐かしい、安心感があるね』とか。
失敗はしたくないけど、でも新しいものを食べたい。だから、安心感がありつつ、新しいものを食べたいというのが、この頃のトレンドかなと思います。去年も一昨年も、デザートの商品開発はそれをキーワードにやっていました」
小川「例えば、どういうのがありますか？」
坂本「カヌレであったり」
小川「カヌレって？」
坂本「フランスのお菓子です。カヌレが流行った時は、安心感があったのではないかと思います。古きよきもので、その昔にフランスのどこかで食べられたもの。今度カヌレの冷凍品を出します。20年ぐらい前にすごくヒットしましたね」
小川「そうか、この頃になってお店でよく見かけますね」
坂本「フランスで昔から食べられていたお菓子です。周りがカリッとしていて、中がねっとりやわらかい。フランスでは、伝統菓子になります。フィナンシェも今、流行っていると思います。これも、伝統菓子です。日本人にとっては新しい食感だけれど、どこかで昔から食べられているという安心感が加わって、売れていると思います」
小川「フィナンシェもけっこう昔からありますよね」
坂本「そうですね」
小川「こんなやつですよね（手で形を作って）。あれは子供の頃からありましたよ」
坂本「ずっとあるのですが、この頃また多くの専門店が出てきていて人気もあります」
小川「そうですね」
坂本「マドレーヌも、今はそんな感じになっていますね。何かそういうのがどうも流行っているなという気はします」
わたしたちの会話は、延々と続いていきそうになった。最後に、坂本には、将来の目標、先々で取り組みたいテーマを尋ねてみることにした。

5 将来の目標と取り組みたいテーマ

地元産の木材を使った「いわて木づかい宣言」の店

坂本は、商品部での仕事が長かった。今回は東北カンパニーで働いたこともあって、次に取り組みたいことは、若い子やシニア層に対して、地方のローソンをどういうお店にしていくべきかをテーマにしたいと考えているようだった。

東北地方は、高齢者の率が高い。シニア向けの商品としては、小袋菓子などをすでに導入しているが、人口の減少幅が全国でも一番大きい所である。例えば、三陸の海岸線寄りや岩手・福島の内陸には、人が住めなくなった限界集落がたくさんある。

一方で、過疎化が進んでいるので、東北地方はコンビニが苦戦している場所でもある。東北地方の太平洋側は、復興支援で業者がたくさん入ってきたが、今は落ち着いてきている。小売ビジネスという観点からは、経済的に厳しいエリアになっている。

ＮＨＫの朝ドラ『あまちゃん』で有名になった久慈《くじ》市に、「ローソン久慈川貫店」という店がある。この店では、店舗内外装の仕上げ材などに岩手県産の木材を使用している。外装を地元産にしている店舗については、広報部から「木づかい宣言」というリリース記事が出ている。[注33]

「地域のお客様が、ローソンを支えてくださっています。地域で違いはありますが、シニアの方たちがコミュニケーションを取れる場所にしていきたいです。ひとり暮らしの方が、ローソンが

できたから行ってみようと、実際にお店に来てくださっています」（坂本）
公民館とか集会所のような場所は、自治体が用意してくれる。しかし、そこに行っても、楽しめるものが何もない。人がいるだけ、椅子があるだけ。それでも、例えば、コンビニの店舗を出せば、ローソンの商品や種々の情報が提供できる。

東北の店舗はトイレが使いやすくなっている

コンビニが出店すると、コーヒーが飲めるようになる。ローソンならば、「まちかど厨房」があるので、温かい弁当が食べられる。飲み物もなんでも揃っている。生活の不便がないようになんでも完備している。
「そういうお店を作れるといいです。東北の地方にあるコンビニは、イートインの利用率が高く、年配の方は買い物がてらちょっと座って休憩していただいたり、お話をされたりしています。また、トイレも年配の女性にとっては入りやすくなっている店舗が多いです」（坂本）
東北のトイレは、面積を広くとっていて、しかも、女性専用のトイレがある店舗も多い。
「たぶんですが、手押し車は普通に入っていけますね。実際に、5時間かけて車で行った出張先の久慈川貫店で、トイレを見せてもらいました。年配の方に気遣いがしてあって、とても良いお店でした」（坂本）

「スイーツのローソン」を印象付けた、『ジョブチューン』の効果

坂本にインタビューした時（2023年4月）、坂本の上司は廣金プレジデントだった。東北カンパニーのプレジデントの廣金は、北海道のプレジデントを兼務していたので、坂本は北海道の話を聞かされていた。

「廣金さんは、稚内とか厚岸の話をよくされます。過疎化が進んでスーパーがなくなった地域に、ローソンを出店して地域の日常生活を支えたいという想いを持っていました」（坂本）

２０２４年4月、今度は坂本自身が廣金の後を継いで、商品部長から東北カンパニーのプレジデントに就任することになった。

その坂本にとって、この頃は嬉しいことが起こっているという。自分が新入社員の時、「スイーツの開発をやりたい」という人は少なかった。しかし、この頃は、スイーツの開発を希望する新入社員が増えているという。

「今年は東北の新入社員が9名います。商品部を希望している新入社員も多く、スイーツをやりたいと言ってくれています。そういう意味でいうと、良い人材が確保しやすい環境になったなと思います。

『ジョブチューン』とかを見て、ローソンに入りたいと思ってくださる方もいらっしゃいます。『スイーツのローソン』というイメージで、何か良い効果が出ているという気がします。その昔は、スイーツをやりたいと言った人は、ほぼいませんでしたから」（坂本）

第6章 驚きのパンツを作れ！

1 良品計画との事業提携

社長のひと言から始まった事業提携

２０１９年２月のある日のこと。

全社方針を発表する会議で、竹増が大勢の社員を前に、「ローソンでパンツを買ったことがある人はいますか？」という質問を投げかけた。ところが、誰ひとりとして手を挙げた社員がいなかった。

「ローソンの店舗でも、日常使いしたくなるパンツが扱える売り場作りにチャレンジしよう！」が、竹増からの提案だった。無印良品ブランドの導入により、ローソンでも日用品の「目的買い」を実現することが狙いだった。

それまで、おにぎりやデザートなどの食品分野で、ローソンは新商品の開発にチャレンジして一定の成果をあげてきた。しかし、日用品の分野では、メーカーが作ったＮＢ（ナショナルブランド）商品を棚に並べておくだけ。衣類などを購入する来店客も、仕事や旅行に出かけた時に、たまたまパンツや靴下を忘れた際にコンビニを利用する程度だった。

実際に、ローソンの社員でも、会議の席でひとりとしてパンツを購入した実績がなかった。食品の売り場だけでなく、日用品の売り場でも、社員が買いたくなるような魅力ある品揃えに売り場を変えていきたい。それが、竹増の「驚きのパンツを作れ！」の真意だった。

文具の売上が10倍に

２０２０年6月から、無印ブランドが都内のローソン3店舗で実験販売されるようになった。それから2年後の、２０２２年5月から、無印ブランドのローソン全店舗への導入が始まった。標準的な店舗では、無印良品の専用棚が４本。１年後の２０２３年3月時点で、無印ブランドの導入店舗数は、約1万店に増えていた。

その年の4月の第1週に、「驚きの販売実績」が報告された。文具の売上が、直近の3月と比べて、平均で10倍に跳ねあがっていたのである。「新学期が始まり、学生や主婦がローソンで無印ブランドの文具を買うようになった効果」との分析結果だった。

文具売上の事例に見るように、無印の文具がローソンの売り場に品揃えされたことで、学生や40代の主婦（お子さんの代理購買）がローソンに来店するようになった。新たな顧客になった学生や主婦の多くは、ポイントカードの非会員だったので、既存客のカード会員から「引き算」で、彼らを識別することができた。

また、実験販売期間中に購買データを分析してみた結果では、無印ブランドの購入者は、そうでない顧客に比べて、客単価が50～80％（金額で３００～５００円）高くなることがわかっていた。

無印の導入による、平均的な日販への貢献度は、１～２％の増加である。

無印ブランドの導入効果

無印ブランドの全国導入が始まってから、興味深い現象が起こった。

無印良品の商品を、従来はネットでしか購入できない北海道や東北地方のような「無印の店舗空白地帯」で、無印ブランドの商品を購入するために、ローソンを訪れる客が増加したことである。無印の店舗がある都内でも、似たような現象が起こっていた。

全国導入の前年（２０２１年９月）に、都内の１００店舗で無印ブランドの商品を試験導入していた。そこでわかったことは、都内でも無印良品の店舗に行きづらいエリア、例えば、都営新宿線沿線などでは、無印ブランドの導入効果がより顕著に表れていたのである。

沿線住民の一定割合は、無印の商品をＥＣサイト（ＭＵＪＩネット）で購入するのではなく、無印の文具や下着が置いてあるローソンに来店していた。無印良品が出店していないか、実店舗から距離が離れている東京東部（足立区、台東区、江戸川区、葛飾区など）のエリアでも同じことが起こっていた。

竹増の「驚きのパンツ発言」から、良品計画との事業提携がスタートすることになる。しかし、両社の提携が軌道に乗るまでには紆余曲折《うよきょくせつ》があった。

2　テスト店舗での実験

トップ同士の共通の想い

偶発的な両社の事業提携の始まりは、その先にさらに偶然の出会いがあった。

コロナが流行する少し前の2018年のことである。ある人の紹介で、竹増が北参道にあるフレンチ・レストラン「KEISUKE MATSUSHIMA」で食事をすることがあった。店主の松嶋啓介シェフは、ニースでレストランを開業し、外国人として最年少（25歳）でミシュランの1つ星を獲得した料理人として有名である。コロナ前に、松嶋シェフが渋谷区神宮前に開店したのが「KEISUKE MATSUSHIMA」だった（2020年4月閉店）。

松嶋シェフの料理は、素材本来の旨味を引き出す調理法に特徴がある。スパイスと旨味だけで作ったカレーなど、コンディショニングを整える食事を提供している。ヨーロッパのプロサッカー選手などと専属契約をして、自身が経営するレストランから料理人を派遣していた。

この食事会がきっかけで、竹増は松嶋シェフと面談することになる。そこで意気投合した2人は、「これからのコンビニの食を変えていこう」というテーマで、『日本経済新聞』に一面広告を出すことになった。

日経に掲載されたのは、松嶋シェフと竹増の2人が、もっと健康でもっと安心できる食材で、コンビニを変えていこうと呼びかける主旨の広告だった。ナチュラルローソンで販売された新商品は、松嶋シェフ監修の「食塩・化学調味料不使用カレー」である。

この広告を見た良品計画の金井政明会長（現・顧問）が、「おもしろいですね。無印もそういう発想なんです」と、共通の株主である三菱商事を通して、竹増にコンタクトを取ってきた。

事業提携の形を模索する

竹増と金井会長はともに、「常識を超えていくこと」を目指している経営者である。竹増は、ローソンを従来の既成概念にはない小売店のチェーンにしたいと考えている。金井会長も、改革に熱心な経営者である。最近では、総合スーパーが撤退した地方のショッピングモール（新潟県上越市の直江津《なおえつ》地区）に、新しくマチ（日本最大のショッピングモール）を作ろうとしている。

コロナが流行する前年あたりから、２人で食事をしながら、将来の事業提携の形を模索していた。

最初に取り組んだ課題は、両社が共同で新しい小売の店の形を作るという壮大なものだった。このプロジェクトにアサインされた社員によると、「当初は、半年ほどはこの課題に取り組んでいましたが、やはり短期で新しい店を作ることはむずかしい。膨大な時間がかかるので、すぐにできそうな無印良品の導入から始めようということになりました」。

その少し前に、無印良品とファミリーマートの間で、無印のブランドを取り扱う契約が終わっていた。販売終了は、良品計画の広報担当者によると、ファミリーマート側の意向で決まったという。ファミマの棚から無印が消えたタイミング（２０１９年１月）で、両社は現実路線で提携の形を考えてみることにしたのである。[注34]

無印ブランドのローソン全国導入は、3段階で進むことになった。
①　2022年5月〜：関東甲信越地区（4800店）
②　2022年10月〜：北海道・近畿・中四国・九州・沖縄地区（6200店・累計1万1000店）
③　2023年4月〜：東北・中部地区（2500店・累計1万3500店）
実は、全国導入の前に実験販売を行っており、第1段階として2020年6月に、都内の3店舗でスタートした。

3店舗で無印ブランドを販売して見えたこと

無印ブランドが、ローソンで売れるかどうか？

その感触を得るために、都内の3店舗で様子を見てみることになった。選ばれた店舗は、南砂二丁目店と新宿若松町店と久が原一丁目店の3店舗。タイプの異なる立地で、すべて直営店である。

現在の標準店では、無印が置かれている棚は4本である。当時、実験店では、8本から10本を無印ブランドで埋めてみた。アイテム数は約400。標準的なローソンでは、店全体が3000アイテムだから、無印だけで全体の15％弱を占めていたことになる。

必要以上にたくさんのアイテムを揃えたのは、売れなかったアイテムを、次の段階で絞り込むためである。最初に品揃えから落ちた商品の多くは、日用品だった。既存店で扱っている商品は、カニバリゼーションを起こすからである。品揃えから外したのは、例えば、無印の下着を入れたら、NB商品の下着は外すなどである。

異なる立地の3店舗で、無印ブランドが受け入れられなかったのは、南砂店だった。近くに都市型ホームセンターのカインズモールがある場所である。高層住宅があるので、たくさん人が住んでいる。ただし、ローソンの店舗は、住宅地からは行きにくい場所にあった。既存顧客の多くは、ブルーカラーが中心だった。

対照的に、新宿や久が原は、住宅街の中にある店舗だった。とりわけ久が原店では、無印の売れ行きが好調だった。実験の結果、無印ブランドがよく売れる場所は、ナチュラルローソンが成り立つようなロケーションであることがわかった。住宅地で学校が近くにあると、文具などがよく売れるという特徴もあった。

3 本格的な導入実験の開始

膨らむ実験店舗数と期待

2020年10月に、3店舗から6店舗に拡大して、「無印ブランドは売れそう」との感触を得た。そこで、東京、埼玉、千葉の合計100店舗まで実験の店舗を拡大した。この段階で、当初の直営店中心から、フランチャイズ加盟店に実験店舗を広げてみた。

100店舗で無印がローソンの店舗に導入された頃、大学院（法政大学）の授業で院生にレポートを課してみた。期末試験のレポート課題は、「無印ブランドを導入したローソンの店舗を訪問して、無印ブランドのローソンへの導入効果を評価せよ」だった。

学生の評価は、真っ二つに分かれた。批判的な意見は、「8本もある無印の棚は間延びして見えます」「無印の陳列棚に商品が補充されていなくて、穴が空いていました」「棚がほこりをかぶって、メンテナンスがきちんとされていません」など、言いたい放題で店の評価も散々だった。

一方で、肯定的な意見を述べる学生もいた。「ファミマからMUJIが消えて不便を感じていました」「ローソンと無印とのコラボは、大賛成です」「無印ブランドを扱えば、学生や無印ファンがローソンに来店してくれそうです」。どちらも一理ある意見ではあった。

実際はどうだったのか。加盟店オーナーからは、無印ブランドの導入が思った以上に喜ばれていた。オーナーからの意見で特徴的だったのは、「今まで自分の店には、学生や若い主婦たちがあまり来ていなかったのが、無印を入れてからは文具をわざわざ買いに来るようになった」などのポジティブな反応だった。

プロジェクト担当者は、事実を確認するため都内の店舗を回ってみた。その時に、「今までローソンには行ったことがなかったけど、無印の幟《のぼり》を見て来たわよ」などの反響に出合うことがあったという。データを精査してみた感触でも、実験店舗では、新規顧客の獲得と来店頻度の向上が明らかだった。狙っていた通りの結果が出ていた。

導入地域の拡大：関東甲信越地区から全国導入へ

2022年5月から本格導入が始まり、導入店舗が関東甲信越地区5000店に広がった。単にエリアを広げただけではなかった。本格導入の段階で、棚の本数を減らすこととした。100店舗の実験店では、8本あった棚を4本に集約した。

取り扱いアイテム数も、400アイテムから200アイテムに絞り込んだ。エリアを拡大しながら商品の入れ替えを行ったが、品揃えするカテゴリーはほとんど変えなかった。両社の商品部どうしで意見を交換しながら、商品の入れ替えはルーティンの仕事としてやっていた。

それ以降、順次導入エリアを拡大し、2023年4月から、中部エリアと東北エリアでも導入が始まったが、東北地方のほうが中部地方に比べて、無印良品の売上が顕著に高い傾向が出ていた。同様に北海道エリアでは、札幌近辺より、道東地区のほうが無印の売上が大きく出ていた。

全国導入で興味深いことがわかった。東北地方や道東地区は、無印の店舗がほとんどないエリアである。ネットで無印ブランドを買えないこともないが、ネットからの売上は今でもそれほど大きくない。

無印良品も、コロナ禍でネット販売を強化するようになってはいたが、ECの販売は必ずしも好調とは言えないようだった。なぜなら、ネットで購入する場合は、一度に5000円以上を買わないと送料がかかる。また、単価の低い文具などでは、まとめ買いでもしないと利用のハードルが高くなるからだった。

「無印良品の空白エリア」で、ローソンの無印コーナーが好調な理由は、無印良品というブランドの性質から来ているように思う。要するに、無印良品の場合は、欲しい商品をネットで購入する人もいるが、ほとんどの顧客は、無印の店舗でショッピングをすることが楽しいのである。無印の世界観とライフスタイルが好きで、それを体現している売り場で買い物をすることが目的で、わざわざ店舗に行くのである。

無印良品のプロジェクトを任されたローソンの責任者は、早くからそのことに気づいていた。「ローソンの小さい空間で、無印の世界観を売り場で実現したい。このプロジェクトの目的をそのように考えてやっていました[注35]」。

無印の購入者は店内の滞在時間が長い

通常のローソンの店舗では、店内の滞在時間は1、2分でとても短い。夕方でも、滞在時間が5分を超えることはまずない。しかし、滞在時間が少しでも長くなると、買上点数が増える。売上の改善に繋がるので、来店客の店内での滞在時間を長くすることが大切になる。

無印の導入店で、売り場の担当者が目視で計ってみると、無印の棚の前に立っている人は、やはり滞在時間が長いことがわかった。わたしも、5～6年ほど前にローソンの店内で、来店客の滞在時間を測定したことがある。学生を2班に分けて、目視による調査を実施してみた。青ローソンとナチュラルローソンを比較すると、店内の滞在時間がかなり違っていた。

その時に、店員の方から聞いたのは、「ナチュラルローソンでは、商品の棚を見ている時間が通常の青ローソンよりも長い」という経験則だった。ナチュラルローソンは、特徴ある商品を品揃えしているからである。

ナチュラルローソンの店内では、しばしば商品を手に取って、パッケージの裏側を見ている場面に出くわした。食品の場合は栄養価や塩分のラベルを、化粧品などでは、女性客が内容成分とか効能とかをじっと見ていた。

無印のブランドも、ナチュラルローソンと類似した性質の商品が多い。サステナブルでヘルシー、ナチュラルテイストがコンセプトの商品で、売り場が構成されている。その結果、商品を吟味する時間がプラスされて、売り場での滞留時間が長くなる傾向がある。わたしの記憶では、青ローソンとナチュラルローソンを比較すると、店内での滞在時間が倍くらい違っていた。

ただし、青ローソンの店舗をナチュラルローソンに転換させると、品揃えが大きく変わる。女性客は増えるが、男性客が店から離れる傾向があった。無印良品の導入でも、似たようなことが起こるのではないか？　その懸念はあったが、ナチュラルローソンとは状況が少し違っていた。

4　漁夫の利――幸運な離縁

無印の元企画担当者へのヒアリング

良品計画とローソンの事業提携の話を、西友の営業企画部で、初期の頃、無印のマーケティングをしていた藍野弘一さんに意見を求めてみた。藍野さんは、古くからの友人である。セゾングループの流通産業研究所が編集した著作で、一緒に執筆を担当した研究者仲間でもある。[注36]
１９８０年に、西友のＰＢとして無印良品が誕生する。キャッチコピーは、「わけあって、安い。」だった。その際、セゾングループの総帥だった故堤清二氏の下で、無印ブランドのマーケティング調査とコンセプト作りを担当していたのが藍野さんだった。

その後は、藍野さんは西友からファミリーマートに移籍した。国内の店舗開発企画を担当して、最後は、台湾や韓国などで海外店舗の開発で国際部の部長を歴任していた。

以下は、本書執筆の過程で、藍野さんとLINEで意見交換した時の内容である。わたしが、本書の概要（もくじ）と「プロローグ」の下書きを送ったところで、藍野さんから返信があった。２０２４年7月11日のことである。[注37]

無印はファミマでたくさん売れていた

●藍野さん
ご紹介ありがとうございます。おもしろそうなテーマですね。

無印は、わたしが西友時代に初期の市場調査を担当していました。ファミマ時代は、コンビニで売りやすいアイテムは、良品の店舗で売る金額よりも、ファミマでたくさん売れていたアイテムも少なくありませんでした。

セゾンの解体で縁が薄くなり、こうした売れ筋が流れていくのは残念ですね。今年3月末でメインの顧問先をリタイアして暇になりました。お役に立てることがあれば、何なりとお申し付けください。
●小川
藍野さん、直接的な質問です。無印の導入がファミマではうまくいかず、ローソンで成功しているのはなぜだと思いますか？　どんなアイテムが、無印の店舗よりファミマで売れていたのですか？

●藍野さん
ファミマでは、無印を30数年売っていた歴史があったと思います。わたしが1993年頃、現場のSVマネジャーをしていた頃も、ゴンドラ2（小型店）～4本（大型店）は使っていました。コンビニの一般的なゴンドラ1本で、1日平均の売上は3000円程でした。当時無印では、5000～6000円位は売れていたと思います。

商品的には、文具、菓子、日用雑貨等が売れていて、同一アイテムでは全体の3分の2をファミマが売っているアイテムも少なくありませんでした。容量を小さくしたコンビニ専売品も沢山あったと思います。ですので、無印はファミマでは長く差別化の武器として成功した商品群として認識していました。近年ファミマが無印と袂《たもと》を分かったことは、昔を知るものとしては驚きでした。

ローソンで売れていると聞いても驚きはなく、当然のように感じました。ファミマと無印が袂を分かった時の当時の双方の理由を知りたいですね。商品開発のマンネリ等、売上の伸び悩みや、無印側も海外や大型店への傾斜等、意識のすれ違いがあったのかもしれませんね。

関係の継続性と絶え間ない改善の努力

●小川
どうしてなのでしょうかね？　売れなくしたのは誰かの責任論になりますね。お客さんはついていたのだから。
●藍野さん

そうですね。ゴンドラ商品の効率は、チルドや弁当惣菜にくらべてかなり低いです。それを一律の効率論で考えた担当者がいたのかもしれません。わたし自身は、増えたデザートアイテムをきちんと売るために、島ゴンドラを3台分潰してデザート専用ケースを開発導入して、売上を大きく向上させたことがあります。

どんな商品も、常に開発の手を入れてリフレッシュさせる必要があります。コンビニ向け無印も新しいカテゴリーやコンセプトでの活性化を怠《おこた》り、いつの間にかマンネリになっていたかもしれませんね。でも、ファンはついていましたから、常にベーシックな商品は売れていたと思います。売上評価を絶対額ではなく、伸び率で考える担当者もいます（前年割れすると、すぐに不振部門と考えてしまう担当者もいます）。
●小川
ローソンさんにとっては、漁夫の利ですね。たまたま、竹増さんと金井さんの個人的な関係からスタートした提携ですけど。まあ、世の中ってそんなものかもしれないですね。
●藍野さん
そうだと思います。その昔は、西友出身者がファミマにも無印にもいたんですが、今は世代も変わりましたからね。
●小川
でも、世の中的には、ローソンと無印の考え方が近いから、それはそれでよろしいのではないですか？

●藍野さん
まあ、無印がコンビニの中で一定の存在感を示し続けることは良いことですね。そこにしっかりしたニーズがあるわけですから。あとは、誰が責任を持ってそのニーズを汲み取り、アップデートし、革新していくか。これからが大切ですね。

5　提携事業の課題――収益性と継続性

提携ブランディング

両社の事業提携は、新しい小売業態を創るという壮大な取り組みから始まった。しかし、現実的な選択肢として、良品計画との事業提携には3つのオプションが考えられた。いずれもマーケティング戦略の用語でいう「提携ブランディング」（Co-Branding）のオプションのひとつである。[注38]
そのオプションとは、以下の3つである。
〈無印ブランドの導入〉　無印ブランドをローソンの店舗に導入すること
〈提携ブランドの開発〉　ローソン向けに専用商品を共同開発すること
この場合は、両社の「ダブルブランド」で販売することになる

〈自社ブランドの開発〉　ローソンとして自社ブランドを開発すること
この場合は何らかの形で良品計画がローソンにライセンスを供与する

ローソンは、当面はハードルがもっとも低い、〈無印ブランドの導入〉を選択した。その際、①値入率と収益性、②顧客ベースの拡大（新規顧客の獲得）、③提携によるシナジー効果などを考慮して、良品計画と交渉に臨んだと思われる。
2024年現在、無印ブランドの全国導入が順調に進んでいる。また、ローソン向けの専用商品が売場に並び始めている。今のところは、両社の提携ビジネスは順調に拡大しているように見える。しかし、新しいブランド開発にはそれなりの時間がかかる。自社のリソースを割《さ》いたとしても、実際には年間で数品がリリースできるかどうかであろう。
「ローソンで早々とそれが実現できているのは、ファミリーマートとのビジネスで、良品計画が例えば量を買いやすくするなど、無印のコンビニ用商品を多く開発してきた経験があるからですね。ローソンさんにも、そうした商品がそのままの形で供給されたのではないかと思います」（藍野）
提携ブランドの具体的な開発事例については、本章の最後で紹介することにする。

提携事業の課題①　値入率と収益性

ローソンの店舗に無印ブランドを導入していく際に、商品の発注リストに入れるものとリストから外すものを、売れ筋を見ながら絞っていった。ただし、店舗への導入には、品揃えを決める以外に、2つの事項について合意しておくことが必要だった。

まずは、仕入れ価格（原価）をどのように定めるかである。ローソンの店頭売価と無印良品の売価は揃える必要があるだろう。だから、値入（率）をどうするかで、店舗の最終粗利（率）が影響を受ける。なぜなら、ローソン側から見ると、無印ブランドは「特殊なPB商品」だからである。ローソンの企画開発商品ではないが、採用リストの作成には、品揃え面でローソンが深く関与をしている。

ファミリーマートが無印良品との取引を終了してしまった理由として、通常のPB商品と比べて無印ブランドの値入率が低かったことがあげられていた。[注39]この点をローソンの担当者に尋ねたところ、「今のところはよく売れていて、新規の顧客数が伸びて、客単価や買上点数も増えている。最終的に、粗利額が増えているので問題はない」との回答だった。

それでは、仕入れ価格（原価）を交渉する場合は、無印良品が小売業としてはSPA（製造小売業）でありながら、ローソンとのビジネスでは卸売業の立場で取引に臨むという特殊性を考慮する必要がある。その点については、ファミリーマートとのビジネス交渉でも課題になったところである。

再度、ローソンの無印プロジェクト担当者に尋ねたところ、次のような返事が戻ってきた。

「単品の値入が良いに越したことはありません。でも、お店の損益から言いますと、200アイテム（全体の6～7％程度）の値入が1～2％くらい悪くても、店舗全体の値入にはあまり影響はしないのです。それより、来店客数のほうが売上とか利益にはより影響します」

客数増の効果のほうが、利益に対するインパクトは大きいという解釈だった。実際に、例えば、ＮＢの文具をコクヨから納入してもらう場合に比べて、無印の文具の値入が1～2％ほど悪化したとしても、店の全体の損益にあまり影響は出ないということだった。

事業提携の課題②　顧客ベースの拡大

3年間の導入実績を見てみると、無印ブランドをローソンで品揃えするようになってから、あきらかに、顧客ベースが拡大していることがわかる。顧客基盤の変化には、量的な側面（新規の客数増、客単価の上昇）と質的な側面（どんな客層が新たに増えたか）の2つの側面がある。

どちらにしても、従来とは異なるニーズを持った顧客層が来店するようになった効果と、既存顧客でも買上点数が増えた効果によるものだった。両方の効果をトータルしてみると、無印ブランドを導入した店舗は、平均日販で1～2％の売上増に繋がっていた。

また、来店客で圧倒的に増えたのは、女性客だった。例えば、ナチュラルローソンでは、女性比率が6：4で男性客より多い。対照的に、青ローソンでは、男性6：女性4である。しかし、青ローソンでも、無印ブランドの文具や肌着を購入する顧客では、女性比率が高くなることがわかっている。無印ブランドの顧客は、約6割が女性である。

事業提携の課題③　シナジー効果

興味深いことに、事業提携のシナジー効果は、ナチュラルローソンや成城石井という多様な業態を運営しているローソンならではのものだろう。

すでに述べたように、ナチュラルローソンや成城石井の商品のクオリティは、無印ブランドと相通じるところがある。メインの客層も近しいところがある。ナチュラルローソンのブランドコンセプト（美と健康）には、どこか「無印の匂い」がしないでもない。

店舗が都市型立地で、自分なりのライフスタイルにこだわりをもっている客層が中心である。それだけに、ローソンのプレミアム業態には、どこか「無印っぽい」ところがあるのかもしれない。次節では、そうした両社の共通性から生まれた、提携ブランドの開発と販売の実際を追ってみることにする。

6 ダブルブランドの開発

ローソン専用商品――足なり直角靴下の発売

2024年4月、ローソン専用商品の「足なり直角靴下」が全国の店舗にお目見えした。わたしは、発売前の加盟店オーナー向けの展示会「ローソンセミナー」（福岡会場：2月26日、東京会場：3月22日）で、足なり直角靴下の実物を見ていた。

無印良品の店舗では、以前から足なり直角靴下が売られていることは知っていた。実際に、コラボ商品をセミナー会場で見ておもしろいと感じた。表裏どちらでも楽しめる「リバーシブル」の靴下だったからである。わたしは、うっかり靴下を裏返しにして履いてしまう癖がある。リバーシブルならば、わざと色柄を左右別々にして楽しめる。

その後、共同開発した追加アイテムとして、新柄の足なり直角靴下や可愛いハンカチが新たに加わっていた。どちらも販売動向が気になっていたので、広報部を通してローソン商品本部の無印担当者に問い合わせてみた。

良品計画・ローソンともに、靴下の色で一番販売数が多いのは「黒色」である。それに次いで「グレー」など無難な色が売れている。日常的に使えるとなると、「無難な色が良い」という手堅い顧客ニーズはあるが、一方で、「違う色も楽しみたい」「新しいものやワクワクするものがあるコンビニだからこそ、変わったものも楽しみたい」というニーズもあると開発者は考えたようだった。

限定商品の販売動向

従来からローソンで扱っている「無印良品」靴下で、購入者の約8割は男性である。ところが、4月に発売したローソン限定の靴下については、購入者の約7割が女性だった。そして、無印良品の衣料品カテゴリーにおける直近3カ月（2024年3月〜5月）の店舗あたりの売上高は、前年と比較して3割以上で伸長している。

ローソン限定カラー商品（看板柄靴下、ハンカチ）においては、通常の新商品より4倍近い売上である。性年代別では女性の30〜50代で売れている。通常より若い客層が購入していることが特徴である。

その後、2024年9月にローソン制服柄の靴下、ハーフハンカチやローソン限定カラーの冬のルームソックスが発売された。

なお、全国展開が始まって以降、無印商品の一般的な販売動向について、ローソン側の担当者から回答を得ている。以下で簡単に紹介してみたい。

2022年上期（5月）に、関東を皮切りに1年半をかけて全国展開を完了しました。初年度については、女性層を中心に新規顧客の来店効果が見られ、各カテゴリーで好調な販売実績となりました。展開前の実験検証に基づく目標以上の実績となり、良い取り組みであると評価しています。

一方で、2年目以降は、好調・不調のカテゴリーが明確となり、カテゴリーごとの特性を踏まえ、ローソンに来店いただくお客様のニーズにあわせた品揃え・売場作りや必要に応じた販売促進を行う必要があることもわかりました。引き続き、良品計画様と協議しながらお客様に喜んでいただける品揃え・売り場作りを目指してまいります。

松井忠三元会長からのメッセージ

わたしの長年の友人で、良品計画の元社長・会長だった松井忠三《ただみつ》さんから、ローソンと良品計画の事業提携についての感想が送られてきた。藍野さんとわたしの会話（4節）を踏まえてのものだった。

本章の最後に、松井さんの言葉を紹介しておくことにする。

小川さん。返信が遅れてしまいました。藍野さんは詳しく存じ上げませんが、確か、細身で背が高かった人ではないかと思います。

ファミリーマートとの付き合いは、わたしの時代にも苦労していました。無印推進派と否定派がそれぞれいて、あざなえる縄のごとく対応が異なっていました。血が濃いので、それも物事を複雑にしていたと思います。

無印は大きな世界観を持っていますので、ショップで展開しないと効果は出てきません。何度かやめることも考えましたが、ゴンドラ4本以上揃えて貰うことでつないできました。

長い付き合いの三菱商事は無印に理解がありますので、そういう環境でやられるのは良いことだと思います。

（2024年7月14日）

第7章 若き貴公子の挑戦[注40]

1 ローソンファーム千葉

コンビニの農業参入

千葉県香取市にある「ローソンファーム千葉」を初めて訪問したのは、2015年7月30日だった。全国23カ所（当時）にあるローソンファームの中で、ローソンファーム千葉は、農業分野への参入を決断したローソンが、最初に拓いた農場である。

農場の開設は、2010年6月。社長（当時）の篠塚利彦さんは、ローソンファーム千葉に出資している「芝山農園」の四男で、ミュージシャン志望の青年である。音楽学校を卒業したばかりの26歳の若者が、社長兼農場長に就任することになった。

2000年代の中頃から、大手企業が農業分野に進出する事例が増えている。小売業では、イオングループの「イオンアグリ創造」（2009年）、セブン&アイグループの「セブンファーム」（2008年）、エブリイホーミイグループの「オーガニックファーム」（2016年）など。

図表7-1　全国のローソンファーム（2024年11月現在）

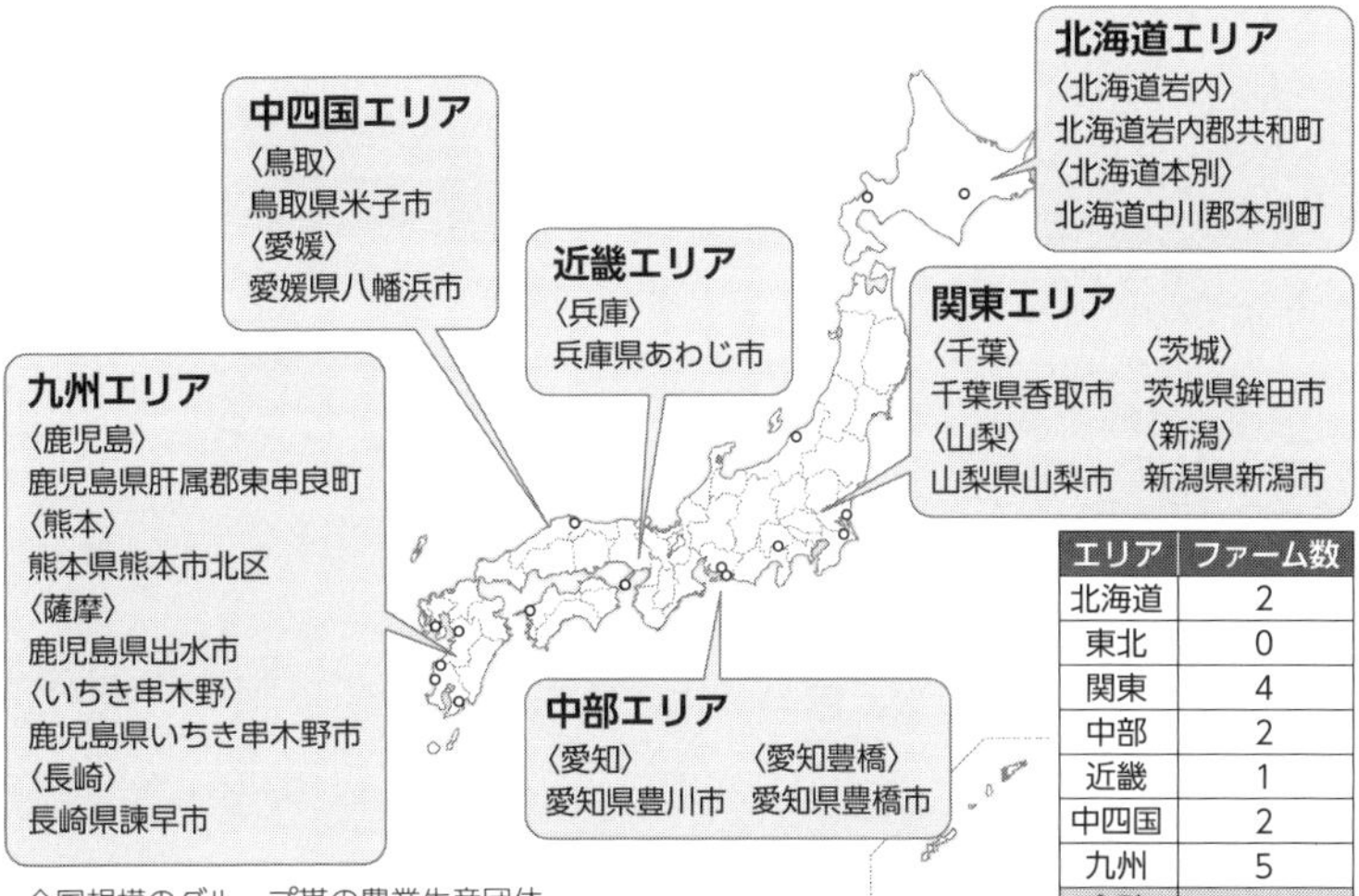

エリア	ファーム数
北海道	2
東北	0
関東	4
中部	2
近畿	1
中四国	2
九州	5
合計	16

全国規模のグループ帯の農業生産団体

フードビジネスでは、サイゼリヤ（白河農場、２００８年）やワタミ（ワタミファーム、２００２年）が直営農場を運営していた。

ローソンファームは２０２４年11月末現在、全国16カ所で農産物の生産と加工の事業を展開している（図表７‐１）。わたしはこれまで、全国のローソンファーム３社（千葉、兵庫、秋田）を訪問してきた。本節は、ローソンファーム千葉を視察して、篠塚さんに２０１５年からコロナ禍を挟んで３回にわたってインタビューした記録である。

なお、最初の２度の訪問時の生産販売データは、それぞれ２０１５年および２０１９年時点のものである。２０１９年のデータは、２０２４年末の現在でもそれほど大きな変化はない。

夢のある農業経営に取り組む

最初のインタビューの時（２０１５年７

月）、篠塚さんは少し戸惑いながら語ってくれた。

「ローソンのような大きな会社と組むことに、家族ともども悩みました。でも、自分でやりたいことを早く実現したかったので、思い切って飛び込んでみました」（篠塚）

篠塚さんは、２０１４年５月に立ち上げた「香取プロセスセンター」（野菜の一次加工処理事業）の社長も兼務している。ローソンファーム千葉は、その後に全国で続々と拓かれていくローソンファームのモデル農場である。

千葉の農場は露地栽培が18ha（大根とニンジン：年２作）、ハウス栽培が１・５ha（ほうれん草と小松菜：周年出荷）。「将来的には30haに拡張していきたいです」と篠塚さんは抱負を語ってくれた。

その後も、大崎のローソン本社で毎年開かれている「ローソンファーム社長会」でしばしば篠塚さんにお会いすることがあった。２０１９年４月に香取市の農場を再度訪問した。再訪問の時、栽培品目にキャベツが加わり、露地栽培が25ha（ニンジン、大根、キャベツ）、ハウス栽培が３ha（小松菜）で、合計28haに規模が拡大していた。

産地から調達していたキャベツを自社農場で生産するなど、順調に事業を伸ばしてきた証拠である。当時は23社から構成されていた「ローソンファーム社長会」で、篠塚さんは最年少ながら会長に就任していた。きっとプレッシャーも相当に大きかったのだろうと思う。

本人からは、「将来の目標は栽培面積１００haで売上５億円です」と頼もしい言葉を聞くことができた。

2 ローソンファームの運営形態

提携先の農家を選ぶ基準

２０１０年にローソンが農業分野に進出した狙いは、直営農場を経営することでグループの店舗へ「安心・安全で新鮮な青果物」を届けるためである。そのために、地域の有力農家と組んで設立したのがローソンファームだった。

コンビニ本部は、加盟店オーナーを選ぶ時に明確な採用基準を持っている。例えば、セブン－イレブン・ジャパンでは、「夫婦２人が年間を通して働けること」などの労働要件が必須である。それと同じように、ローソンが提携農家に対して求める条件がある。

基本的には、３つの基準をクリアした農家が提携先の対象になる。
①　若い次世代を担う営農家であること
②　農家が独自の販路を持っていること
③　農業技術開発に熱心で積極的であること
最初の条件は、担い手として社長の年齢が若いことである。全国のローソンファームでは、社長就任時の平均年齢が38歳だった（２０１９年時点）。また、両親や兄弟・親族が農業を営んでいることが前提になる。

２番目の条件は、農家が独自の販路を持っていることである。「準ローソンファーム」と呼ばれる地域の提携農家グループから、自社農場だけでは不足する農産物を買い付けることができることが、メンバーになる条件に含まれている。

3番目の条件は、ローソンが2013年に出資した農法（中嶋農法）と「JGAP（Japan Good Agricultural Practices：日本の良い農業の取り組み）およびASIAGAP（Asia Good Agricultural Practices：アジアの良い農業の取り組み）」にしたがう営農法を受け入れることである。高品質の農産物を作るための要件で、2016年には全国のローソンファームがすべてGAP（Good Agricultural Practices：農業工程管理）を取得済みである。

農業への参入モードの違い

先に参入事例として挙げたイオンやワタミ、サイゼリヤなどの農場は、100％出資の直営農場で運営されている。それに対して、ローソンの参入形態は、これら企業とはアプローチが違っている。事業主体は、ローソン本体ではなく、若い後継者がいる地域の有力農家である。ローソンファームの規約では、「地域で核となる農業生産法人を目指す」となっている。

ローソンファームに加盟した農家は、品質水準の高い農産物を供給できることだけを求められているわけではない。先にも述べたように、近隣農家から集荷ができる機能を高めるために、地域の農家を組織できる農家であることが求められる。

この要件は、出資形態にも反映されている。例えば、ローソンファーム千葉に対するローソンの出資比率はわずか15％。その他の出資者は、東京シティ青果（5％）とRAG（5％）で、どちらも中間流通業者である。つまり小売と流通と農家で編成されたチームが、ローソンファームの事業を運営しているのである。

農場に貯蔵・加工センターを併設する

こうした事業の運営形態は、わたしが以前から主張してきた「農業フランチャイズシステム」そのもののように思う。ローソン（本部）が、地域のローソンファーム（加盟店）に、農業技術（中嶋農法）と管理手法（ＧＡＰ）を提供する。各地のファーム（加盟店）にとっては、生産加工段階の先に、コンビニの店舗という販路が用意されている。

ローソンファームのユニークな点は、すべてのファームではないが、加工センターを農場に併設していることである。加工センター併設の農場を傘下に持つことのメリットは、コンビニ本部が提携先の弁当工場などを運営するベンダーと、商品供給で契約関係を持っていることと似ている。

例えば、ローソンファーム千葉では、自社農場で生産したキャベツを加工して、ローソンの地域ベンダーに納品している。かさばる商品（キャベツ）や重量野菜（大根）を、自前の農場で作ると物流コストが低減できるからである。遠隔地から運んでくる必要がなくなるので、鮮度のよい農産品が消費地の近くで栽培・加工できるようになる。

２０１９年の訪問時に驚いたのは、香取プロセスセンター内に冷蔵設備を持った貯蔵施設が建設されていたことだった。

「センター内に貯蔵庫を持つことで、ニンジンの相場の乱高下に振り回されなくなりました」（篠塚）

ニンジンは年2作で、半年間は自社生産ができない（図表7－2）。しかし、3～5月と7～9月の期間は、冷蔵庫に貯蔵されたニンジンで加工品をつくることができる。

3　農産品の加工と未来への投資

農家が投資をするという〝企業的な感覚〟

2度目の訪問は2019年4月だった。最初の農場視察から4年で、篠塚さんは逞《たくま》しい「企業家」に成長していた。それは、自社農場で生産するニンジンとキャベツの取り扱いに表れていた。

香取プロセスセンターに到着してすぐに、隣接している出荷用ヤードを見ると、青い折り畳み式のコンテナがうずたかく積んであった。コンテナの導入について篠塚さんに尋ねてみると、「あれは長期保存用のコンテナで、ニンジンを0・5℃で休眠状態にするために導入したものです」という答えが返ってきた。

篠塚さんは、数年前までは他の産地からニンジンを調達していた。しかし、仕入れの価格が相場で乱高下するので、経営が不安定になる。きっかけは、2016年9～10月にニンジンの価格が高騰したことだった。通常は100～150円／kgの卸価格が、約2倍の250～300円／kgに暴騰した。

図表7-2　香取プロセスセンターの原材料調達状況

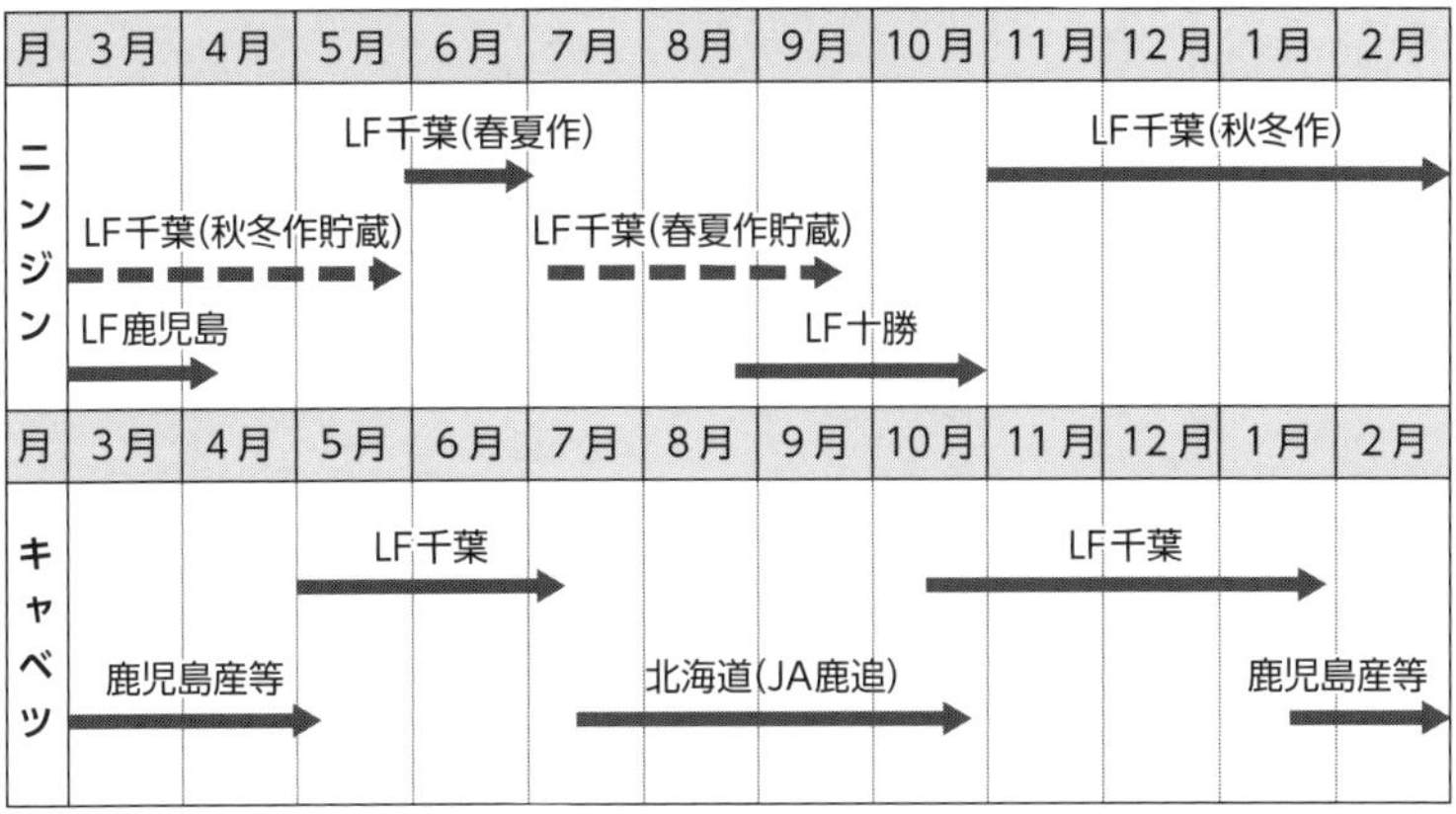

「考えついたのが、１８０日分のニンジンを長期冷蔵保存することでした。全量を自社生産に切り替えれば、冷蔵庫に保存しておいたニンジンを加工に向けることができます。結果として利益が安定しました」（篠塚）
ローソンファーム千葉では農場の隣に加工場を併設している。収穫後に一定量が必ず出てしまうB級品（全体の約15%）を加工に回すことができる。サラダや惣菜、弁当の材料になるニンジンのジュリアン（細い千切り）や短冊、スティックなどの歩留まり率は、約60%である。それまで廃棄されていたB級品がお金に替わったわけである。

全国ネットワークの強み

香取プロセスセンターからは、首都圏のローソン約３５００店舗に、農産物を加工品として供給している（２０１９年6月現在）。日量に直すと、ニンジンが５００kg、キャベツが2トン、大根が７００kgになる。プロセスセンターで一次加工された材料は、ローソン傘下のベンダー経由で、サラダ、弁当類、調理麺の具材として、首都圏のローソンで販売される。
パッケージサラダに使用しているキャベツやニンジンといった原料野菜は、今や香取プロセスセンターの主力商品である。他の産地から調達していたキャベツを、半分程度は自社生産に切り替えることができた。自社生産のメリットは、価格決定権を獲得できたことである。ニンジンや大根と同様、キャベツにも端境期《はざかいき》がある。夏と真冬の時期には、千葉ではキャベツが収穫できない（図表7－2）。
「夏場は、北海道の提携農場から、冬場は愛知や鹿児島のローソンファームなどから加工用のキャベツを融通してもらっています。ローソンファームを全国ネットで展開している強みですね」（篠塚）
香取プロセスセンターでは、加工プロセスの効率化とコスト削減に努力している。作業を効率化するために、キャベツの自動芯抜き機が導入された。生産現場では、根菜類用の自動洗浄機ラインを採用して省力化を図っている。

自社とグループ経営の未来

ローソンファーム千葉は、全国のモデル農場になっている。とはいえ、課題もたくさんありそうだった。篠塚さんに現状について伺ってみた。

「早急に取り組みたい課題のひとつが、製造コストの低減ですね。冷蔵保管庫を保有することで、調達と加工のコストを下げることができました。それでも、農場の生産部門での機械化は道

図表7-3　コンビニを核とした新しい生産流通形態

農業の流通改革

生産地の変革（真の地産地消へ）

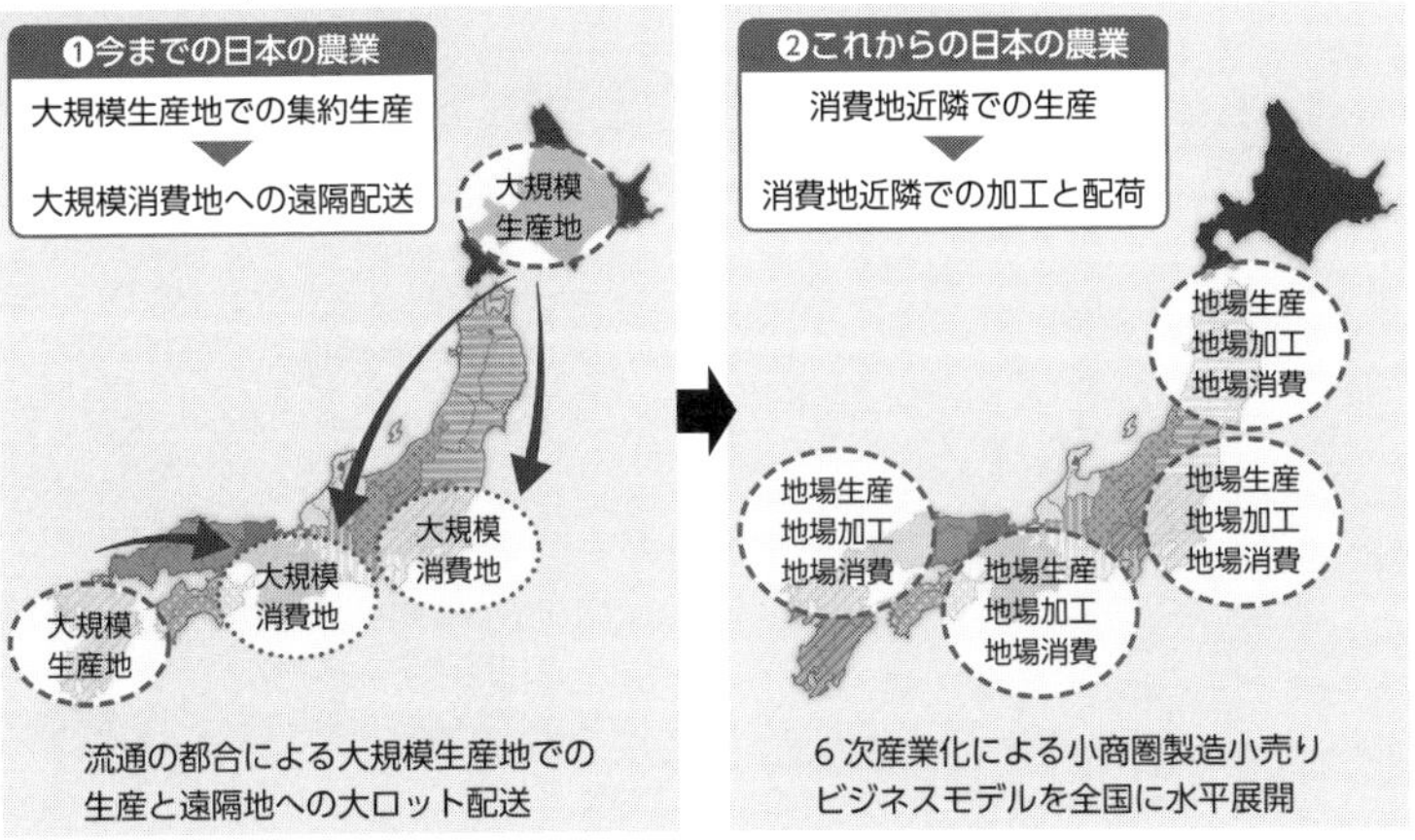

半ばです」（篠塚）

収穫作業を効率化するために、コンバインのような自動収穫機を導入する計画がある。

２番目に取り組みたいのは、栽培品目を増やして販路を拡大することである。コンビニ対応だけではなく、需要が見込める作物として、篠塚さんは白ネギの生産を計画している。コンビニやスーパーで売られている弁当や麺類の薬味として、白ネギは欠かせない。業務需要もありそうだった。

３番目が、「下請けから脱して、真の意味でメーカーになること」だった。そのためには、人材の確保が必須である。しかし、最近になって雇った外国人の実習生は長続きしなかった。コンビニの加盟店オーナーたちも、パート社員の採用では悩みが多い。農業生産もその例外ではない。

「目標としている１００haの圃場《ほじょう》を確保するために、労働力と施設のすべてを見直さないといけない」と篠塚さんは述べていた。

現在、ローソンファームは、北海道から鹿児島まで全国16カ所で農場を拓いている。図表7－3の左側のように、農産物は大規模生産地から大規模消費地に大ロットで配送されている。しかし、わたしが提案している将来の理想形は、図の右側のような形である。

近隣で生産された農産物をローカルで加工して、地域の店舗に配荷する仕組みである。間違いなく、物流コストが低減できて鮮度も向上する。コンビニが農業分野に貢献できるイノベーションのひとつが、「6次産業化による小商圏製造小売りモデル」を確立することである。

4 ローソンファーム千葉がメーカーになる

真夏の再々訪問

2024年8月1日、ローソンファーム千葉を5年振りで訪問した。これが3度目の視察になる。コロナ禍の間も篠塚さんとはメールでやり取りをしていたが、香取市にある農場と加工施設を視察するのは2019年以来だった。篠塚さんが描いていた夢だった「栽培面積100ha、売上高5億円、究極の目標はメーカーになること」は実現できているだろうか？

ローソンファーム千葉に到着すると、真新しい本社の建屋が目に入った。敷地内を篠塚さんに案内してもらって最初に気づいたのは、加工場などの施設がずいぶんと拡張されていることだった。新しい建屋もいくつか完成していた。加工部門の事業が拡大している様子がわかる。
「ローソンファーム千葉だけのことで言うと、ローソンに対する青果の売上は、やや縮小傾向にあります。野菜の加工が増えて、独自の販路が少しずつ増えてきました。新しい取り組みは、後ほど紹介します」（篠塚）
加工場の中に入ると、５年前とは機械設備もかなり変わっていた。ニンジンやキャベツの加工施設は当時もあったが、サツマイモの加工施設が加わり、加工施設の規模が拡大していた。ローソンへの供給量は大きくは変わっていないが、その他のチャネルに外販する分が増えている。

ＦＦ焼き芋の販売から独自ブランド商品を開発

５年間で大きくなったビジネスは、ローソンの店舗などで販売する「ＦＦ焼き芋」（ファストフードの焼き芋）のサプライヤーの仕事である。篠塚さんの両親と兄たちが経営している芝山農園では、大量のサツマイモを生産している。
「自分たちで生産加工したサツマイモも売っていますが、それでも間に合わないので、買い付けをしています。買い取ったサツマイモを加工して出荷するベンダー・サプライヤーの役割ですね」（篠塚）
２０２１年秋からレジ横で「ＦＦ焼き芋」の販売が始まった。[注41]
「うちの担当分は、関東エリアのローソン約４０００店舗です。販売什器を入れているのは、去年の段階で４５００店舗になります」（篠塚）
現在は北海道から九州まで、全国のローソンで「ＦＦ焼き芋」を販売している。関東以外の地域では、それぞれのエリアでサプライヤーが手分けして、この商品を供給している。関東についでは、ローソンファーム千葉が供給拠点になっている。

5年前のインタビューで、篠塚さんは「いつかはメーカーになりたい」と言っていたことを思い出した。

「もともと1次加工から脱して、将来は最終製品を作って販売するという目標を持っていました。でも、5年前は全然動けていませんでした。ところが、サツマイモの加工を始めてからは、サツマイモ菓子や芋けんぴ、焼き芋などで最終製品が作れるようになりました」（篠塚）

「FARVEST」のイベント企画

サツマイモの加工で最終製品が作れるようになった段階で、篠塚さんは自社製品のブランディングを始めた。パッケージなども自前で作り、専門の代理店と契約して外販用の自社ブランドを自身のメディア（HPやSNSなど）で宣伝するようになった。2年前には、「FARVEST（ファーベスト）」という別ブランドを立ちあげている。

独自ブランドをプロモーションするために、工場の敷地内でFARVESTのイベントも始めた。FARVESTとは、農園（Farm）と収穫（Harvest）をかけた造語である。このイベントは、2024年の夏で4回目になる。最初に始めた動機は、自社ブランドのプロモーションがメインだった。初回と2回目のイベント実施にあたって「大変革実行委員会」のグループブランディングプロジェクトも関与し、インナーブランディングにも繋げる機会とした。しかし、消費者との交流イベントになってからは、自社商品や自分たちの活動をPRするという目的を持った企

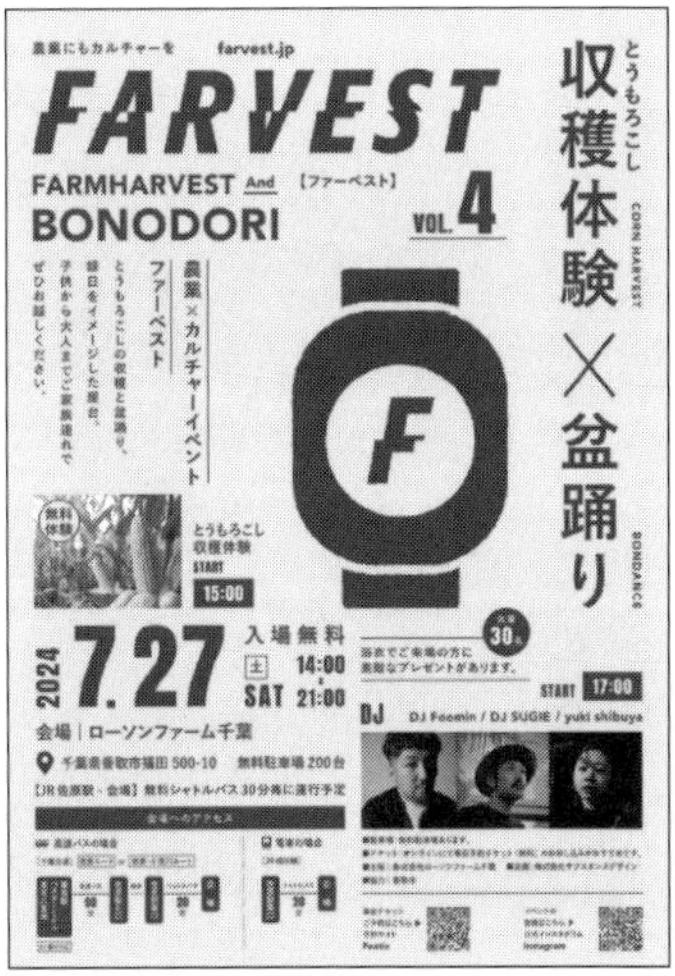

FARVEST のコンセプト（左）とイベント告知ポスター（2024年）

画になった[注42]。
「収穫体験などもあって、農園のオープンイベントみたいな感じです。それだけではつまらないので、DJ（ディスクジョッキー）を呼んで、音楽を流して盆踊り大会にしてしまいました」（篠塚）
ミュージシャン志望だった篠塚さんらしい発想である。2回目のイベントでは、畑の中に野球場を作って実際に野球大会を企画したという。わたしが、「フィールド・オブ・ドリームスですね」と相槌《あいづち》を打ったところ、「その後で、『フィールド・オブ・ドリームス』を本当に上映したのですよ」と篠塚さんは笑って答えてくれた[注43]。

5　若者の夢は実現できたのか？

地方分散型の独自商品開発が進む

ところで、全国のローソンファームでは、新しい動きが始まっている。この2年間で少しずつ拡大してきたのが、エリアカンパニーの商品部長に各地のローソンファームで取締役に就任してもらう動きである。この後で紹介するが、全国各地でエリア独自の商品開発が着々と進んでいる。
視察に同行してもらったローソン商品本部の原田卓郎が、具体的な事例を紹介してくれた。
「地域に密着した商品を開発するため、ファームの原料を使っていただける体制作りを進めています。その結果として、エリアごとに独自の商品が生まれつつあります」（原田）
例えば、ベーカリー用の小麦で、北海道産の「ゆめちから」という品種がある。この小麦を使った商品を発売し、道産の小麦とローソンファームを同時に訴求するようにしている。
北海道の事例では、道産のジャガイモを使ったエリア商品のポテトチップとか、シェフとコラボしたメニューの展開などがある。
「からあげクンでは、じゃがバターのフレーバーの商品を作ったり、北海道カンパニーでは、色々な商品を展開しています[注44]」（原田）
北海道の西側に岩内という場所がある（図表7－1）。元々がおでんの材料になる大根を作るため、夏場に大根を栽培していたところである。ところが、コロナ禍の影響もあって、鍋物の販売が急降下してしまった。そこで考えついたのが、ローソンファーム千葉と同じように、農場に加工場を建てて、自分たちで栽培したとうもろこしやジャガイモを加工することだった。

全国に広がるファームとの連携

2023年は、千葉の「FARVEST」の収穫祭で、ローソンファームのコーナーを作った。全国のローソンファームから商品を取り寄せて、各地のエリア商品を販売してみた。北海道の岩内や兵庫の淡路島からも出品があった。参加者からの反応も思った以上に良かった。
「先ほど紹介した岩内は、積丹《しゃこたん》半島で小樽のちょっと先ですね。自分たちのジャガイモを製品化するような取り組みを始めています。自社加工を始めた2社目ですね」（篠塚）
ローソンファーム茨城（鬼澤宏社長）でも、ブナシメジの加工を始めている。しかも、冷凍品として供給するための加工である。
「（農産物を）生で出荷するのではなく、現地で加工して出荷するようになっています。例えば、岩内のレトルト製品とか、茨城の冷凍ブナシメジですね。調理麺のベンダーさんは、生の原料だと消費期限も短いです。在庫の持ち方とか色々むずかしい面があります。それで、ベンダーさんが使いやすい形態として冷凍するという取り組みでした」（原田）
２０２３年からは、首都圏商品部の部長が、ローソンファーム千葉の取締役に就任している。エリア商品を開発することが、商品部長のミッションである。茨城のファームは、冷凍ブナシメジをどのように使ってもらうかが、経営の肝になっている。
原田によると、「ブナシメジをふんだんに詰め込んだおにぎりを作ったりしています。商品開発は取締役になった担当部長さんが手伝ってくれています。そういった取り組みがうまくいき始めていますね」。
ファームの社長会で親しくなったことがきっかけで、２０１８年に訪問したことがある「ローソンファーム兵庫」（原田脩平社長）では、淡路島で玉ねぎを栽培している。最近では、エリア独自商品で、からあげクンを作っている。からあげクンに利用しているのは、規格外のタマネギだった。

こうしたエリアの取り組みは、わたしが毎年のように参加していたローソンファーム社長会で、各地域の社長たちが交替で事例発表をしている。その場では、エリア商品の新作や産地リレーなどの取り組みが紹介される。

篠塚さんの夢は実現したのか?

篠塚さんと最初にお会いしたのは、玉塚が社長の時で、結婚したばかりの若い会長さんにお子さんが生まれた頃だった。

2度目の訪問の際に、篠塚さんは将来の夢を語ってくれた。目標は、栽培面積100haで売上5億円だった。

「目指している100haは、現状ではちょっと遠い目標値になってしまっています。現在の栽培面積は、22~23ha前後ぐらい。あまり変わっていないです」(篠塚)

圃場が拡大できないのは、篠塚さんの事業意欲の問題ではなかった。土地の取得が進んでいない理由は、香取市の周辺では農家の跡継ぎが多いからだった。例えば、サツマイモのニーズが高まっていても、そのための畑はすぐには空いてこないという。

とはいえ、農家年齢の中央値は75歳前後である。10年先には、首都圏近郊でも農業をする人が急激に減ってくる。例えば、わが出身地の秋田県などでは、知り合いの若者たちが、100ha規模で水田を借りて稲作をしている。地方では、大規模なオペレーションでかなりの収益が生み出せる時代になった。千葉のあたりでも早晩、農地は空いてくるだろう。タイミングの問題だけである。

2番目に設定した取扱額5億円は、目標にかなり近いところまで到達している。

「加工品とか買い付け販売とかが増えているので、今年（2024年）の2月期だと4億円弱かと思います。ただし、自社で生産したものだけだと1億円くらいですかね」（篠塚）

篠塚さんは、必ずしも農産物の販売金額には拘《こだわ》っていないように見える。むしろ、課題の3番目にあげていた「自らメーカーになって、ブランドを立ち上げる！」は、コロナの期間中に実現することができた。そちらのあたりに力を入れているようだった。

インタビューの最後のあたりで、ローソンファーム社長会で16社の連携が深まっていることを教えてくれた。その話を聞いて、2024年の年末に開催される社長会に出席して、久しぶりにファームの皆さんと旧交を温めてみたいと思った。

第8章

美容師さん、コンビニのオーナーになる

12名のMOがホノルルに集結

ローソンの余田利通オーナーに誘われて、ホノルルでハーフマラソンを走ることになった。マラソン大会の開催日は、2018年4月8日。わたしがランナーだと知って、マラソンを走るついでに、全国のローソンオーナーたちの私的な集まりである「余田塾」で、メンバーを紹介してくれるという話になった。

その日(4月6日)、ホノルルに集合したのは、全国で複数店舗を経営しているMOたち12名。北は北海道から南は大阪まで、9名がランナーで3名は応援隊だった。竹増とわたしを入れると、ハーフを走るランナーは11名。スケジュールが詰まっている竹増は、1日遅れてレース前日の夕方にホノルル入りをすることになっていた。

スタート時刻は、早朝の午前6時。前夜祭で飲みすぎて、わたしは最後まで調子が出ず。2時間を切る「サブ2」でゴールした余田オーナーに、竹増とわたしは後塵《こうじん》を拝することになった。

その日の完走祝賀会でのことになる。ローソンには、女子オーナー部会がある。女子部会の世話役は、石塚直美さん。静岡でローソンを25店舗経営している「永遠の28歳」(自称)。初対面の席で、「これからお嫁に行くつもりです」と挨拶された。冗談ではなく、それは本当の話だった。

石塚オーナーは、完走したMOのランナーや竹増に、ビールやワインをお酌して回っていた。「明るくて、よく気がつく人だなあ」が初対面の印象だった。６年後に、まさか石塚オーナーが経営する静岡県服町店で再会できるとは思わなかった。

これ以降の話は、わたしが石塚オーナーへのインタビューで聞いた話である。30歳まで美容師をしていた彼女が、偶然の出来事がきっかけで、ローソンのオーナーになる。そこから始まる、波乱万丈の30年間の物語である。

1　ローソンのオーナーになる

転機は突然にやってきた

その時、石塚直美さんは28歳。結婚して子供がひとり。市内の美容院で雇われ店長をしていた。見習いから10年ほど働いて、石塚さんには指名客がたくさんついていた。施術に自信があったから、いつか自分でも店を持ちたいと思っていた。

母親は、飲食店の経営者で、海沿いに小さな土地を持っていた。銀行から借金をしてその場所にビルを建て、４店舗の飲食店を経営していた。父親は、グラフィック・デザインの仕事をしていた。母方の実家は、お寺さんだった。

ところが、お寺のおじいさん（祖父）が突然、亡くなってしまった。檀家からの要請もあり、父親がお寺の跡を継ぐことになった。母親は、それまで経営していた飲食店を全部やめて、お坊さんの修行に出る父親と一緒に、東京に出ることにした。

その後を託された石塚さんは、困り果てることになる。自社物件の4店舗を他人に貸そうとした。最終的に3店舗は借り手が見つかったが、1店舗だけはどうしても借り手が見つからなかった。1階の22坪の店舗である。

借り手がつかないのなら、自分で店をやるしかない。石塚さんは、自分では念願の美容師をやりたいと思った。ところが、その場所は、大型トラックなどの通行が激しい国道150号線沿いにあった。とても美容院ができるような立地ではなかった。思いついたのが、コンビニのローソンだった。

1994年の頃は、静岡市内には、セブン‐イレブンもファミリーマートも出店していなかった。コンビニと言えば、ローソンかサークルK（ファミリーマートに経営統合）だった。

飲食店ビルがあった場所は、いちご街道と呼ばれる海沿いの土地だった。春には、いちご狩りで、夏には海水浴客がやってきて繁盛しそうだった。

美容師とコンビニ、二足のわらじで

地方都市の郊外で新規に出店するコンビニは、標準が50坪と言われている。土地と建物が自社所有で、駐車場が100坪以上あるとはいえ、さすがに22坪の売り場は狭かった。しかし、それ以上に問題だったのは、誰がローソンの経営を担うのか、である。ローソンをやりながら、美容院の店長も続けたかった。そこで、夫と相談することにした。

「有限会社アクティブ」（石塚さんの会社名）のローソン1号店のオープンは、１９９４年2月。開店前には、店の周辺にチラシを撒いたり、静岡支店からＳＶさんが来て、店長の夫が店舗運営の指導を受けていた。準備万端、オープンの日を迎えた。

石塚さんの店は、静岡駅の南でローソンとしては初めての出店だった。それまで、このエリアはコンビニなどの出店がなかった場所だった。オープン初日に、「お客さんが全然来なくて、どうしようと思うぐらい来なかったです」（石塚）。

初日の売上は、３万円だった。コンビニの平均的な日販は、50～60万円である。

ローソンの知名度に助けられる

ところで、ローソン本部との契約が終わって新規に店をオープンするまでに、静岡駅の北口を中心に、市内のローソンは41店舗に増えていた。石塚オーナーのローソン1号店は、市内で15店舗目だった。
一定地域への集中出店で、ブランドの認知度が高まることを「ドミナント効果」と呼ぶ。静岡市内でローソンの看板が増えていくと、石塚オーナーの22坪の店でも客数が増えてきた。2月のオープン時から、来店客が次第に増えてきた。開店から４カ月後の6月に、とうとう売上が40万円に届くようになった。
「ローソンのネームバリューは、すごいと思いました。最初はお店が全く認知されていなかったのですが、メジャーな看板をつけるということのすごさを、その時初めて知りました」（石塚）
半年後の夏に、日販が50万円を超えるようになった。海沿いで、海水浴や花火で遊ぶために、多くの人が集まるようになったからだった。静岡大学のキャンパスも近くにあった。若い学生がローソンに来店するようになった。経験的に、7月と8月は一番売上が高くなる時期でもある。最初の夏には、コンスタントに日販が50万円を記録するようになっていた。

ところが、秋口に入ると、競合が300メートル離れた場所に出店してきた。空き地に忽然《こつぜん》と現れたのは、「サークルK」の看板だった。しかも、ローソンとサークルKの間は、600坪の空地になっていて、お互いの店舗の様子が丸見えだった。

サークルKの出店の影響で、22坪のローソンの売上が半分になってしまった。その後もずっと、1号店の日販は30～40万円で低迷することになる。

「でも、素人で単純だったのですよ。売上が半分になったなら、もう1店舗やれば取り戻せると思ったのです」(石塚)

工場の中にできた2号店

石塚オーナーは、サークルKの出店で失った売上の減少分を取り戻すため、そこから一所懸命に自分で店を探し始めた。借金の返済は、死活問題だった。ローソン本部の開発が動いてくれるのを待っていると、新店の出店がいつになるかわからない。

この時に自力で探してきたのが、静岡敷地店(2号店)で、現在の本部がある母店である。2号店の立地は、すごく良い場所だと思った。だから、毎朝9時に大家のところに出かけていって、「ここをわたしに貸してもらえませんか」と打診を続けた。

大家が躊躇《ちゅうちょ》していた理由がわかった。敷地は区画整理にかかっている物件だった。建物を壊してしまうと、立ち退きの際に保障金がもらえなくなるからだった。工場そのものは、コンビニに改装するには大きすぎた。

石塚オーナーから、工場を壊さないまま長い工場を半分に切ってコンビニを作るという提案がなされた。敷地が400坪と広いので、工場の中にコンビニの建物を建てるという奇抜なアイデアだった。店舗はそれほど広くできないが、駐車場は充分にスペースを取ることができた。

1号店の出店から1年後に、2店目の静岡敷地店をオープンすることができた。

2　売上の使い込み事件

店長の〝未達〟が発覚する

そんなある日、ローソンの支店長から電話がかかってきた。

伝言は、「とにかく帰りにちょっと寄ってほしい」だった。支店に出かけていくと、店長を任せていた石塚オーナーの夫も呼び出されていた。支店長が説明を始めた。支店長が、上の欄に〝未達〟のスタンプが押された1枚の書類を差し出した。

美容師をしながらで、コンビニのほうは手伝い程度にしている。お金の管理はすべて店長に任せっきりにしていた。支店長の説明で、一緒に呼び出された事情がようやく呑み込めた。〝未達〟が2回。膨大な「負債」になっているという話だった。

コンビニの運営システムでは、お金の流れがシンプルにできている。

一日の営業が終わると、加盟店のオーナー（店長）は、その日の売上金を本部の口座に振り込むだけである。コンビニ会計は、すべて本部が面倒を見てくれる。その後は、仕入れと売上の差額を計算して、諸経費や本部の取り分（チャージ）を差し引くと、残りが加盟店の利益になる。

今回は2回、その売上金が本部へ振り込まれていなかった。

ＰＯＳシステムがあるので、本部は加盟店の売上を完全に把握できている。

今回のように、売上金が振り込まれなかった場合は、加盟店の負債になる。借入金の扱いだから、後日に負債を相殺しなければならない。

当時のローソンのトップは、松岡康雄会長だった。石塚オーナーに内緒で、店長が松岡会長宛に、「次に何か悪いことをやったら、辞めます」のような詫び状を書いて、始末書にサインをしていた。このままだと、裁判沙汰になるとのことだった。

彼女は、支店長に頭を下げた。「ちょっと待ってください。わたしはここに呼ばれるまで、何も知らなかったのです。お金は全部お返しします。お約束しますから、1カ月だけチャンスをください。わたしにやらせていただけませんか」（石塚）

その時の支店長には、今でもとても感謝している。支店長を拝み倒した結果、石塚オーナーのローソン2店舗は、その後も営業を継続できることになった。

不祥事の後始末

翌日から、石塚オーナーが店長をやることになった。

不祥事を見逃してしまった原因は、彼女が経営に全くタッチしていなかったからだった。店の運営については何もわからなかった。そこで、ローソン本部を辞めたばかりの元ＳＶがいたので、「店のやり方を教えてほしい」と頼んで、３カ月だけ来てもらうことになった。

小売業の仕事に携わるようになって感じたのは、「コンビニの仕事には、あまりクリエイティブなところがない」という印象だった。例えば、１２０円の缶コーヒーは、自分が売ってもアルバイトが売っても、値段は１２０円で味も変わらない。

しかし、その考え方は間違っていると、ある時から気づくようになった。やり方次第で、コンビニの仕事にはまだまだチャンスがある。

「コンビニの仕事は、差別化がむずかしいと思われています。でも、自分で店長をやるようになってからは、キャリアが全く違う美容師だったからこそ、この業界で成功するのではないかと感じるようになりました」（石塚）

商品の味やパッケージは変えられないが、どこにでもある商品であっても、どこにもない形で陳列する工夫をすればよい。そして、顧客に喜んでもらえるサービスを提供する。

「驚きの陳列や丁寧なサービスで、お客様にまた来たいと思ってもらえるような、そんなお店をとにかく作ろうと思いました」（石塚）

不祥事から2年ほど経った頃、仕事に対する「自分の好き」を見つけて、やりがいのある仕事にしたいと思うようになっていた。

ローソン静岡呉服町店の立体陳列

やや話が逸れてしまうが、インタビューのため、2024年4月に、静岡市葵区呉服町にある石塚オーナーの店舗を訪問した。その時に、わたしは店内のお菓子の陳列に圧倒されてしまった。これまで他のコンビニでは見たことがない美しい陳列だった。

その辺にあるメーカー品が、どこでも見たことがないように、可愛らしく美しく陳列されていた。元美容師の彼女の才能が、ユニークな商品陳列に存分に発揮されていた。

3 MO制度が始まる

3店舗のオーナーが快適

自分の得意な分野で才能を発揮できることがわかったので、美容師の仕事に戻りたいとは思わなくなった。それでも、コンビニの経営という点で言えば、2、3店舗を運営する時代が10年ほど続いていた。
いちご街道沿いに出店した22坪の店は、オープンから10年ほどして区画整理でなくなった。新しい場所を探して、店舗数を3店舗に増やした。若干の負債は残っていたが、10年で借金はかなり返すことができた。
「あの頃は、3店舗ぐらいが、自分にはちょうど心地よい店数でしたね」（石塚）
3店舗でローソンをやっている時に、「来年からMO制度ができる」という情報が耳に入った。2009年のことである。
複数店舗を経営しているオーナーを企業家（アントレプレナー）として育成するプログラムが、MOの制度である。[注45]
MO制度のプロジェクトは、社内では極秘裏に進んでいた。静岡で3店舗を経営している石塚オーナーは候補者のひとりらしく、それとなく打診が来ていた。しかし、石塚オーナーは、店の数を増やすつもりはなかった。

研修に参加することを決めたきっかけ

その当時、石塚オーナーの母親が、「青少年就労支援ネットワーク静岡」というNPO法人の立ち上げに関わっていた。静岡県立大学国際関係学部の津富宏教授が理事長で、彼女の母親が副理事長だった。[注46]
NPO法人が取り組んでいたのは、ニートの青少年たちの社会支援だった。引きこもりの子たちを社会復帰させるため、就労の場を提供したり、自立のための研修が活動の主たる内容である。母親の取り組みに共感して、石塚オーナーも店舗でニートの子たちを預かっていた。

子供たちが自立して生活できるよう、就労支援の手伝いもしていた。当時は、御殿場にローソンのゲストハウスがあった。ローソンからの支援もあって、毎月３、４人ほど、子供たちを研修に連れていっていた。

ある日、子供たちをアテンドして、御殿場のゲストハウスに出かけた時のことである。

研修が終わると、副支社長がアポイントなしで、研修ルームに現れた。彼女に、「ＭＯ研修を受けてほしい」という話を持ってきた。

「支社から最低ひとりは、ＭＯ候補として、研修に出さなきゃならなくなって。どうか助けてほしい」と副支社長が頭を下げた。その時点で、支社からは候補者をひとりも出せていないとのことだった。石塚オーナーは、その場では「ごめんなさい」と謝って帰ってきた。

しかし、翌週になって今度は、ＭＯ研修を担当しているローソン大学の担当者が、静岡の店までやってきた。「研修を受けるだけでも、自分のためになります。ＭＯになるかならないかはあなた次第ですから」（研修担当者）。

彼女は、一瞬で考え方を変えた。「勉強ができるチャンスが転がってきている。それだったら」ということで、ＭＯ研修に参加することを了承した。その場で本部に電話を入れて、明後日《あさって》の研修のために上京することを決めた。

セミナーで考えを変える

ＭＯ研修は、神奈川県の東神奈川トレーニングセンターで開かれた。

最初の自己紹介で、全国から集まっていた６人のオーナーさんたちの前で、「わたしは多店舗をやるつもりはありません。勉強するつもりでここに来ました！」という挨拶をした。

研修セミナーの最初に、新浪社長（当時）が登壇した。講義の内容は、近未来の日本と10年後のコンビニの姿だった。２０１３年の新浪社長の「社長コラム」に、石塚オーナーが受けた講義内容が紹介されている。要約して引用する。[注47]

２０１０年からの50年間で、日本の人口は８６７４万人になる。ショッキングなのは、働く意思と能力を持つ生産年齢人口（15〜64歳）が、63・８％から50・９％までに縮小することだ。少子高齢化が進行して、マーケットが縮まる。

そうした中で、今のようにローソンが店舗数を増やして、オーナーさんの数を増やしていくビジネスのスタイルでは、やっていけなくなる。だから、ひとりのオーナーが１００店舗、２００店舗をやって、本部も小さくしてビジネスの仕組みを変えていかないと、この先、コンビニは生き残っていけない。

今までコンビニは家業だった。両親がいて子供が手伝って、足りない分はアルバイトが補って。しかし、その形を大きく変えていかないといけない。その実験をするのが、この場にいるあなたたちで、それにトライしてほしい。

「このままではダメだ。自分もアントレプレナーに転身しなければ」と石塚オーナーは思った。泊まりの出張研修だったが、その晩はなかなか寝つけなかった。

翌朝のことになる。２日目の研修が始まる前に、将来は同志になるかもしれない６人の前で話す時間をもらった。

「すみません。皆さん、研修が始まる前に、ひと言よろしいでしょうか。昨日の自己紹介で、わたしはＭＯにはならないと言いました。でも、今は前言を撤回します。全力でＭＯになります！」

新しいＭＯ制度がうまくいくかどうかは、自分たちにかかっている。その後に続く、若いオーナーさんに道を作っていくことができたら、ローソンに恩返しができる。これまで世話になったローソンの役にも立ちたい。彼女はそう思うようになっていた。

千駄ヶ谷で「余田塾」が始まる

その後も、中部エリアでは候補者が石塚オーナーひとりしかいないので、中部エリアでは単独でＭＯの研修は開けないままだった。引き続き関東エリアの候補者に交じって、彼女はＭＯになるための研修を関東で受けさせてもらっていた。

石塚オーナーは、ＭＯ制度が始まる前の年に、世話役でオーナー代表の余田オーナーと会っていた。余田オーナーは、ローソン本部が主催するＭＯ研修とは別に、複数店舗を経営している有力なオーナーに声を掛けていた。石塚オーナーも、そのひとりだった。

余田オーナーの狙いは、千駄ヶ谷の店を提供して、現場研修を実施するためだった。その傍らで、新浪社長の依頼を受けて勉強会を開いていた。

「余田塾」の勉強会には、税理士や中小企業診断士の先生たちを呼んだ。その頃のコンビニの経営は、夫婦２人で1店舗が原則だった。生業的に「家業」として運営されていた。石塚オーナーのように、２、３店舗を所有したとしても、マネジメントはファミリービジネスの延長線上にあった。

余田オーナーが経理や経営の専門家を講師に招いたのは、1店舗の家業から複数店を経営するようになった時に困らないよう、経営の仕組みを学んでほしかったからだった。そうした思いも込めて、勉強会の正式名称は、「仕組みづくりの会」という名前になっていた。

きちんとしたモデルや典型があったわけではない。参加者が皆で意見を出し合い、作り込んでいくという側面もあった。

「その頃、皆で色んな仕組みを作りました。例えば、社員のワークスケジュールとかを作ったりしていました。あの当時、本当に侃々《かんかん》諤々《がくがく》言いながら、作り変えていったものが土台になっています」（石塚）

4　経営理念と社風

静岡呉服町店のオフィスにて

ＭＯ制度がスタートしてから15年が経過していた。

２０２４年４月末現在、「有限会社アクティブ」が経営するローソンは、市内を中心に25店舗に増えていた。全国のMO仲間と競い合いながら、お互いを励まし合い、成長してきた成果だった。

2024年4月18日、石塚オーナーにインタビューするため、わたしは静岡呉服町店を訪問していた。インタビューが始まる前に、オフィスの壁際に掲げてあるホワイトボードに、「会社理念」が掲示されているのを見つけた。3店舗目を作った時に作り直したものだという。

ローソンのグループ理念は、「私たちは〝みんなと暮らすマチ〟を幸せにします」である。本部の経営理念をベースに、石塚オーナーの想いを込めて、幸せにしたい「マチ」に、「家族」「お客様」「地域・社会」を付け加えた。コーポレート・スローガンは、「感動接客と隙のない売り場」。

ホワイトボードの下に、組織図が貼り出されていた。人名がカタカナで書かれていて、明らかに日本人の名前ではない。タイ人やベトナム人、マレーシア系の中国人らしき名前である。

「そうなんです。店ごとに組織図を作るよう指導しています。この店は、外国人しかいないです」（石塚）

組織図には、クルーたちの役割分担が示されている。全社では、外国人労働者が300人ほど。静岡大学や静岡県立大学、市内の語学学校やビジネス専門学校に留学している学生たちである。

「週に働ける上限が28時間なので、人数がすごいことになっています。コロナの時に数えたら、300人くらいいましたね」（石塚）

社内コミュニケーションツールの革新

石塚オーナーの会社では、２０２３年12月からタブレット端末を店舗に導入している。今では、タブレットが、社内コミュニケーションに欠かせないツールになっている。

タブレット端末を使って、社員の誰もがＷＥＢミーティングに参加できるようになった。ＰＯＰや動画の作成なども、タブレット経由で情報共有できている。もっとも、ＫＤＤＩによるＴＯＢの件を知らなかった石塚オーナーは、ドコモ仕様のタブレット端末を導入してしまったが、それはご愛嬌である。

会社の雰囲気が変わり始めた。それまでは彼女が先頭に立って、新しい提案をしたり、現場の仕事に指示を出していた。それでも、女性社員や若いクルーはなかなか動かなかった。ところが、タブレット端末を導入してＷＥＢミーティングが始まると、店ごとに女子部会が自主的に立ち上がった。週に1回は、ＷＥＢミーティングが開催されている。少人数のグループで集まって飲み会をしたり、その場でアイデアを出し合うようになった。

「ＷＥＢミーティングは、月曜日にやっているようです。あとは、月に1、2回ぐらいランチに行ったりしていますね。お子さんがいたり、夜は出てこられない人もいるので、土曜日にランチ会をやったりとか」（石塚）

全店で約４００人のクルーが在籍している。女子部会が発足してからは、店舗ごとに突拍子もないアイデアが出るようになった。そうこうしているうちに、対前年比で日販が5万円（約10％）アップする店が出てきた。全店平均では、日販の改善効果は２％程度だが、25店舗あるので、全体の押上効果は金額にすると馬鹿にならない。
「クルーさんたち全員にランクを付けました。プラチナとかゴールドとかダイヤモンドとか。評価制度を作って、クルーさんたちの時給を上げました。それ以外に、特別手当てを支給するとかもしています」(石塚)
売上増に貢献したクルーの中には、手取りが30％増えた人もいるらしい。

KDDIによるローソンTOBについて

インタビューの最後のほうで、KDDIによるローソンのTOBについて、ひとりのオーナーとしての率直な感想を伺ってみた。TOBが成立した場合、ローソンは三菱商事とKDDIの共同経営に移行することになる。

社長の竹増は、コロナ禍の頃、お忍びで静岡の店に何度か顔を出していた。地方で複数店を経営している石塚オーナーの経営状態を視察するためだった。

「その件についてては、竹増社長から直接お話を伺いました。竹増さんには、『親会社がどこだろうが、わたしのローソンなので、店は何も変わらないですよ』とお答えしておきました」(石塚)

ローソンの若手社員から聞いた反応と、石塚オーナーの感想は同じだった。感動接客と隙のない売り場。親会社が変わったとしても、それをやり続けることは変わらない。

インタビューに同席してくれた佐藤健太MCの石塚オーナー評である。

「社長からはネガティブな言葉を全く聞いたことがないです。常にポジティブに考える人ですから、マイナスな部分も言わないです。でも、ことが起きたら、『で、どうする?』という前に、もう先のことを考えてしまっていらっしゃる」

有限会社アクティブは、これまで静岡市内で25店舗をドミナント出店してきた。今は新たなエリアにも店舗を展開する構想を検討し始めている。

第9章 番頭とご意見番

1 番頭、宮﨑純広報室長の20年

7度目の謝罪会見

朝早く、宮﨑純広報室長（兼社長室長、現・常勤監査役）の携帯の呼び出し音が鳴った。電話を掛けてきたのは、ローソンの新浪剛史社長だった。
「午後の謝罪会見のことだけど、本当に私が出るべきだろうか」（新浪）
新浪の初めての謝罪会見は、社長就任から8年目の２０１０年2月9日。一度も業績を落とすことなく順風満帆に見えた新浪体制のローソンが、この年、大きな試練に直面していた。犯罪事件に巻き込まれていたのである。ローソンの子会社でチケット販売会社「ローソンエンターメディア」（東京都品川区）などの役員3人が、売上金約１５０億円を横領するという事件が起こっていた。午後3時15分から、緊急の記者会見が控えていた。[注48]
前日も遅くまで、新浪と宮﨑を交えて、今日の謝罪会見に臨むため模擬会見で練習を繰り返し

図表9-1　広報室長としての謝罪会見（全7回）

発表日	会見当時の職位	件名	内容
2003年5月22日	コーポレートステーション広報・IRリーダー	おにぎり原材料産地表示誤り	宮城・山形地区の店舗で販売の「新潟コシヒカリおにぎり」と「徳島産地鶏阿波尾鶏使用鶏五目おにぎり」の一部において、JAS法に基づく加工食品品質表示基準に反して表示とは異なる原材料を使用。
2003年6月27日	コーポレートステーション広報・IRリーダー	56万人の個人情報流出	「ローソンパス」の会員情報のうち約56万人分の個人情報が流出。カード会員から不審なダイレクトメールが届いたとの連絡があり、調査の結果、個人情報流出が判明。
2003年7月15日	コーポレートステーション広報・IRリーダー	56万人の個人情報流出（再発防止策発表）	個人情報を扱う端末の操作を制限するため指紋の照合装置を導入することや顧客情報を故意に外部に漏らした社員を解雇できるように社内規定を改めるなど再発防止策を発表。
2003年8月7日	コーポレートステーション広報・IRリーダー	56万人の個人情報流出（社内調査結果・処分発表）	社内調査委員会の調査結果と新浪社長・役員とシステム開発責任者の計5人に対する社内処分を公表。
2004年10月2日	コーポレートステーション広報・IRリーダー	社内バッグ盗難による個人情報流出可能性	銀座の店舗にて払込票控などが入ったバッグが盗難にあうも、後日遺失物として発見された。
2007年11月30日	執行役員 コミュニケーションステーションディレクター兼広報リーダー	おでん消費期限切れ使用	加盟店での期限切れおでんの使用について、元従業員からの通報で発覚。1日～2日ほど消費期限が切れたおでんを販売。
2010年2月9日	執行役員 コミュニケーションステーションディレクター兼広報リーダー	ローソンエンターメディア不正	株式会社ローソンエンターメディアの代表取締役専務および経理担当取締役による多額の資金の不正流用事件。被害総額は約150億円にのぼる。

ていた。準備万端で本番を迎えるはずだった。それなのに、今頃になってどうしたことか。

「俺は、ここで辞めなくちゃいけないかな」と珍しく弱気になっている。

「辞める辞めないは、こちらから言う必要はないです。言わば10年間の通信簿ですから。世の中が今までの新浪さんの社長業を評価して許すと言ったら続ければいい。ダメだと言われたら潔く辞めることにしましょう」（宮崎）

その言葉で、新浪は腹を括ったようだった。

ローソンの経営幹部（社長、室長、子会社社長）が3人で臨んだ謝罪会見は、詳細の説明時間に約30分間を要した。洗いざらいすべてを話したので、会社の対応について詰問するような質問は出なかった。新浪は運にも恵まれていた。謝罪会見があったその日に、トヨタ自動車がリコール問題でメディアを賑わせていた。世間の関心は、ローソンからトヨタに移っていた。

それまで6回の不祥事の際には、宮崎が単独で謝罪会見に臨んできた（図表9－1）。しかし、今回の場合は、金額も桁違いに大きかった。それに加えて、反社会的な勢力を巻き込んでの犯罪事件でもあった。経営トップ自らが会見に臨む必要があった。ちなみに、宮崎にとって、チケット代金横領事件での謝罪会見は、ローソン在職わずか7年で7度目ということになる。

20年間で3人のトップに仕える

宮崎純室長は、2003年にJAS（日本エアシステム、2002年にJALに統合）からローソンに転職してきた。ローソンへの転職は、三菱商事の廣田康人常務（兼広報部長、現・アシックス代表取締役会長CEO）の奨めによるものである。

前年（2002年）に三菱商事からローソンに出向してきた新浪社長が、任せられる広報人材を探していたが、なかなか意中の人は現れなかった。そこで、広報関係で旧知の間柄だった親会社の廣田常務が、宮崎を推薦してくれたのだった。

優秀な経営者には、優れた番頭さんがついているものだ。例えば、本田宗一郎（本田技研工業）の名参謀だった藤沢武夫、松下幸之助（パナソニック）の大番頭だった高橋荒太郎など。有能な番頭の中で宮崎が特異な点は、同じ会社で年齢・タイプが異なる3人の社長に仕えてきたことである。

通常は、社長が交替すると番頭室長も交替する。しかし、宮崎の場合は、新しい社長の下で引き続き社長室長を兼務しながら、20年の長きにわたって広報室長を務めてきた。設立から50年の後半20年間を、3人の社長の下でローソンとともに歩んできた人である。

本節の狙いは、番頭の目から見た3人の社長たちの実像を、エピソードも交えながら読者に伝えることである。インタビューで聞いた話から察するに、宮﨑の番頭としての役割は、通常業務以外は、主として災害時の緊急対応（3・11やコロナ禍）、不祥事への対応（謝罪会見）、そして、重大な意思決定の局面（企業買収や事業提携）での情報収集や助言である。

「謝罪会見で大変なのは、実はその前の社内調整でした。僕にとって謝罪会見そのものは、皆さんが想像するほど苦ではないのです。普段の広報活動と同じでこちらの考えや行動を理解してもらうことですから、謝罪会見でも商品やサービスをお披露目する記者会見でも、全く同じやり方をしていました」（宮﨑）

宮﨑から、3人の社長さんのリーダーとしての特徴を表現した「キャッチコピー」を、かなり昔に教えてもらったことがあった。宮﨑に改めて尋ねてみた。

「3人の社長たちのイメージは、次の通りです。新浪さんは、根本から改革を実行する変革者。玉塚さんは、周りを鼓舞して先頭で引っ張るスポーツチームの主将。竹増さんは、各自のミッションを導いて作品を完成させるオーケストラの指揮者かな？」

なかなか的を射たコピー表現である。イノベーターの新浪、キャプテンの玉塚、コンダクターの竹増がどのようにローソンを率いてきたのかを、宮﨑の視点から順番に紹介してみたい。

イノベーターの新浪（2002年〜2014年）

宮﨑の目から見た新浪は、全くタイプが違うように見える竹増と根っこのところでは似ているという。２人の違いは、ちょっと強面《こわもて》で力強く意見を発信する新浪に対して、竹増は時にはユーモアを交えながら丁寧に話す。ところが、組織の未来を透視しながら、綿密に布石を打っていく計画性などについて、２人は極めて似通った考え方を持っている。
「自社の利益だけを考えるのではなく、事業の社会性や地域貢献などを意識しながら経営に当たる姿勢などは、２人の出身母体でもある三菱商事の社風から来ているように思いますね」（宮﨑）
新浪について、あるエピソードを宮﨑から聞いた。
「先日、この20年間の出来事について、広報のリリース記事を見ていました。新浪さんの時代には、他社さんと色んな形でコラボをするとか、スリーフォーマット戦略（青ローソン、ナチュラルローソン、ローソンストア１００）を始めています。ロールケーキなどのスイーツやおにぎり屋など、新しいカテゴリーにも挑戦しました。郵政と組んだり、ローソンファームのような農業分野にも乗り出しています」（宮﨑）
セブン‐イレブンと違うことに取り組んで、それを世間に向けて大々的にアピールする差別化戦略を実行してきたのが、新浪の基本スタイルだった。一方で、社内組織的には、「マネジメントオーナー（ＭＯ）制度」とか「ミステリーショッパー」とか、オーナー向けに加盟店のサービス品質を高めるなどの制度設計に着手している。「社内と社外の両方を意識的に使い分けて、新しいことにチャレンジしていましたね」（宮﨑）。
ところが、派手な取り組みで着実に成果をあげた新浪だったが、宮﨑にだけは本音を語ってくれたという。
「僕は10年やるけど、10年くらいじゃ組織は変わらない。変えられない。僕は仕組みを作って改

革を実行する人だと皆は言ってくれているけどね。本当にやりたいのは教育です。人が育たないと組織は変わらない」（新浪）
有言実行の新浪は、ローソン大学を創設したほか、外部研修にも毎年１人か２人を派遣して、将来の幹部候補生の育成制度を作った。これまで累計で20人ぐらいを、外部の研修機関に派遣している。現在、ローソンの上級幹部（役員、プレジデント）のほとんどが、企業派遣で１年間の研修を受けた人材で構成されている。
「とにかく彼は『人を育てるんだ』と言っていました。自分がいなくなった時に、『そういえば、新浪という人間がいて改革してくれたんだな。そう言ってくれればいい』と。彼は変革者とよく言われますが、特に組織や人作りに注力していました」（宮崎）

キャプテン玉塚の「お友達作戦」（２０１４年～２０１６年）

副社長・会長時代を入れても、玉塚のローソン在籍は６年間と短かった。ところが、社長就任の２年間だけを見ても、結構な頻度で広報のリリース記事が出されている。玉塚社長時代のリリースの多さに、長く広報を担当していた宮崎も驚いていた。
「玉塚さんは、人脈が豊富ですごい。彼自身のネットワークを活かして、色んなところに話を持っていくことに長《た》けていました。ローソンの事業に絡めて、自身の人脈を活用するやり方を、彼は『お友達作戦』と呼んでいましたね」（宮崎）
中堅コンビニの「サニーマート」（２０１５年）や「スリーエフ」（２０１６年）などとの事業提携や経営統合は、キャプテン玉塚時代の成果である。例えば、わたし自身が交渉の様子を傍らで観察していた「セーブオン」（2017年）などもそのひとつである。
2017年、ベイシアグループのコンビニチェーンだった「セーブオン」（群馬県前橋市）をローソングループに編入して、メガフランチャイジーに転換することになった。この提携が実現したきっかけは、ベイシアグループの経営幹部と玉塚が親しい友人だったからである。[注49]
「佐川急便と提携したり、ケアローソン（介護対応のローソン、現在19カ所）を作ったり、フィリピン出店とかタイ進出も玉塚さんの時なんです。だから、わずか2年でしたが、積極的に店舗数の拡大を進めていました。成城石井の買収案件を持ち込まれたのは新浪さんの時代ですが、実際に実行に移したのは玉塚さんの時でした」（宮崎）
玉塚は、基本的に人に好かれるタイプである。元ラガーマンでルックスもよい。好感度抜群で、周りの皆が「玉ちゃん」の近くに寄ってくる。そんなこともあって、社内プロジェクトで「1000日全員実行プロジェクト」を立ち上げている。
「本人は、『セブンの徹底力を見習え』とよく言っていたけど、目指した姿にする道半ばで退任したと思います」（宮崎）
2016年にローソンが三菱商事の子会社になり、資本の関係で、次の社長が竹増に決まった。玉塚はローソンの中で居場所を失ってしまった。ローソンを去る時の玉塚の様子を、竹増がわたしに話してくれたことがあった。
「三菱商事が株を買い増した時、『これはもう竹ちゃんがやったほうがいいから。俺はまた別でチャレンジするわ』と言って、爽やかにローソンを出て、新しい世界に行かれた。こういうことができる人っていいなと思いました。『あと何年か会長で頼むね』とかでは全くなかったですね。わたしも『あともうちょっと一緒に』とお願いしてみたのですが、『これは竹ちゃんひとりのほうがいいから、バーイ』みたいな感じですよ。『竹ちゃんありがとう。もうそれだけで十分。俺はまた違うチャレンジをするから。俺は大丈夫だから』と言って、ハーツユナイテッドグループ（現・デジタルハーツホールディングス）から、その後はロッテホールディングスに行かれましたね」（竹増）

ローソン交響楽団の指揮者、コンダクター竹増（2016年〜）

最後は、〝ローソン・オーケストラ〟を指揮する竹増の8年間について、宮崎に語ってもらった。

新浪と玉塚の2人は、ローソンで社長に就任する前に、いくつかの会社で社長を経験している。ローソンに来る前の新浪は、三菱商事傘下の給食会社で社長を務めていた。玉塚は、柳井正氏のユニクロと澤田貴司氏が一緒に立ち上げたコンサルティングファームのリヴァンプで、社長としてマネジメントを任されていた。竹増は、前任者たちとは違って、経営トップの仕事はローソンが初めてだった。

社長に就任したばかりの竹増を見ていて、宮崎は「組織や人を観察し、その反応も見ていましたね」と述べていた。竹増にとって運が悪かったのは、社長就任早々に、夜間営業問題やフードロス批判が出たことだった。大手3社の社長たちと一緒に、経産省の世耕弘成《せこうひろしげ》大臣（当時）から呼び出しを受けた。その後はコロナ禍があって、会社の業績も低迷していた。

「そんな逆境の中でも、竹増さんは冷静にうちの会社の課題を見ていましたね。先々の打ち手を真剣に考えていました。『大変革実行委員会』のプロジェクトを発足させ、間髪を入れずにそれを実行に移しました。
竹増さんのすごいところは、ゴールを定めたら冷静にプランニングをして、その仕事をこれと思った人間に任せること。部下の能力を見極め、仕事やプロジェクトを丸ごと任せてしまう。なおかつ、うちの課題と社会課題を含めて、未来の事業について大きな絵を描くことができることかな」（宮﨑）
竹増は、ローソンの社内だけでなく、社外の方、例えば、次節で登場する辻山栄子社外監査役や、マネジメントオーナーの前田明さん（ローソンオーナー福祉会前代表理事）、前田宏さん（グリーンローソン店主）、石塚直美さん（静岡のＭＯ）などと深い信頼関係を築くことができている。
「経営トップには、小売業の将来像を描く能力が必要です。竹増さんはそれがすごく上手だなと思います。コロナの時もそうでしたが、今回のＫＤＤＩによるローソン株の公開買い付けの件でも、自らが前向きに社内外に情報発信しています」（宮﨑）
竹増は、自分の想いや考え方を、機会を見つけては色んな人に伝えてくれている。それは本来のリーダーのあるべき姿だと思う。
「社員の心を摑んでいるので、竹増さんは皆に好かれますよね。三菱（商事）出身の人ではあるけれど、片足ではなくほぼ全身をローソンに入れている。そんなイメージですよね。ローソンには他社からの転職者や出向者も多いですが、自ら〝For the LAWSON〟を示しています」（宮﨑）

わたしの竹増評：いわゆる「愛されキャラ」

最後に、竹増が指揮するローソン交響楽団について、常々感じていることを紹介して、この節は終わりとする。

竹増社長指揮の元で、ローソンの社員やオーナーの皆さんは、気持ちよく仕事ができて楽しそうに見える。竹増貞信指揮によるローソン交響楽団の聴衆のひとりとして、いつも心地よい音楽を聴かせてもらっている。竹増は、わたしより年齢は遥かに若いけれど、卓越した対人技能（スキル）とコミュニケーション能力を持った経営者だと感じている。人事が上手で、能力があって信頼できそうな人材を発掘して、適材を適所に配置する。本書に登場している中堅・若手の社員の皆さんは、竹増人事で登用された人材である。

社内外に向けての情報発信では、三菱商事の社長室や広報業務の経験が活きているのだと思う。傍から見ていても、人事の采配には納得感と公平感がある。ただし、「コンプライアンス案件やハラスメント対応については厳しいですよ」と宮﨑は語る。

筆者が最近になって感激したのは、ＫＤＤＩによるローソンのＴＯＢが成立した後で、社員やオーナーさんたちが示した反応だった。インタビューが終わって一息つくと、彼らから必ず出て来る言葉があった。

「小川さん。竹増さんは、いつまでローソンの社長をやっていただけると思います？　社長がいなくなっちゃうと、わたしたちこの先どうしていいのか。とても困るんですよ」と。

竹増は、皆さんから信頼されているだけでなく、とても愛されているのだと思った。だから、わたしから彼らには次のように言葉を返していた。

「いつになるかわかりませんけれど、きっとローソンが株式を再上場する時まで、竹増さんは社長を続けてくださいますよ！」。そう言って、毎回のインタビューを終わらせていた。

2 ご意見番、辻山栄子社外監査役

48年振りの再会

「小川くん、あー、わかる、わかる」

会議室のドアを開けて、〝辻山先輩〟が面談用のブースに入ってきた。わたしの顔を見て発した第一声が、これだった。「お姉さん（旧姓、早川さん）は、昔とちっとも変わってないなあ」と思った。

2023年7月12日の午後。大学院の先輩で、早稲田大学名誉教授の辻山栄子さんと48年振りに再会した。場所は、大崎のローソン本社。本書を執筆するため、広報部が社外監査役へのインタビューをアレンジしてくれた。竹増が推薦してくれたのが辻山先輩だった。わたしは、微妙な気持ちで辻山さんとのインタビューに臨んでいた。その理由は、この後で述べることにする。

大学院で、辻山さんは4級上だった。わたしは修士課程に進学したばかりで、辻山さんは博士コースの2年目。経営学専攻では、唯一の女子学生だった。わたしの専門領域はマーケティングで、辻山さんは会計学が専門。同じ経営学分野ということで、10人ほどの大学院生と共に同じ研究室だった。

辻山さんは、学部在学中に公認会計士試験に合格していた。早稲田大学で初めて現役で合格した女性公認会計士だったらしい。そんなことも、インタビューの時に初めて知ったことだった。その後のキャリアもほとんど知らないまま、インタビューの当日を迎えた。

日経新聞の記事で辻山さんの消息を知る

辻山さんの名前を、卒業後に一度だけ目にしたのは、『日本経済新聞』の記事だった。「大学教授で女性の公認会計士（政府の審議会委員なども歴任）が、大手企業５社の社外監査役に選任されている」という記事である。

その頃のわたしは、『マクドナルド　失敗の本質』（東洋経済新報社、２０１５年）を上梓したばかりで、マクドナルドの失速を予言したことで、アプローチが一風変わった経営学者として注目を集めていた。新潮社が、そこに目を付けたのだろう。大手企業の経営実践に対して警鐘を鳴らす経営学者として、雑誌やテレビへの出演依頼も増えていた。

新潮社の編集部から、雑誌の連載で論考を発表する機会を何度かいただいた。そのうちのひとつが、月刊誌『新潮45』の連載３回目で発表した「社外取締役不要論」だった。大先輩の辻山栄子教授の名前は、次のような文脈で登場している。[注50]

■社外取締役マーケット

③広報対策、見栄えのための女性・学者活用
米国の調査機関ＧＭＩの「ＧＭＩレーティングス」の２０１３年調査によれば、上場企業に

おける女性の役員比率は、1位のノルウェーが36・1%であるのに対し、日本は1・1%で、欧米アジアを中心とする調査対象45か国中、44位（最下位はモロッコ）である。
日本政府も成長戦略の柱の一つに掲げている。こうした現状を受けて、社外取締役に女性を入れようという傾向が強まっている。女性についてはクォータがあり、政府等の委員会も女性を活用することが多いようだ。一般的には、「女性目線」がいいことのように喧伝されるが、本当に適性があるのかどうか、問題が残っているように思われる。学者と女性の社外取締役は、見た目がいいという要素が多いのではないか。
学者では、一橋大学の伊藤邦雄氏が7社で社外取締役・監査役を兼任しているのをはじめ、辻山栄子氏（5社）、安田隆二氏（一橋大学）（4社）、松田千恵子氏（首都大学東京）（4社）など、複数企業を掛け持ちする人も多い。[注51]
辻山さんは、当時から5社（オリックス、ドコモ、三菱商事、資生堂、ローソン）の社外取締役・監査役を務めていた。複数社の社外役員就任に対して、やや批判的な文脈でのご本人の登場だった。ローソン本社でのインタビューでは、少し意地悪な質問を用意しておいた。予定されていた質問項目は、事前に広報部を通して辻山さんに送付してもらっていた（図表9－2）。

2社の社外監査役を兼務することに

辻山さんがローソンに関わるようになったのは、２００８年に三菱商事の社外監査役を務めていたからだった（～２０１６年）。三菱商事では初めての女性社外役員だった。辻山さんが社外取

図表9-2　辻山さんへの質問項目

①キャリアは知っていますが、なんでまたローソンとお仕事をすることに？
②ローソンの取締役会の様子を、３代にわたる社長交代の変化も踏まえてお教えください。
③会社として、もっとも印象に残った事件は？
④コンビニとスーパー、エンタメ部門を有するローソンについて、取締役会でどのようなコメントをされていましたか？
（注）インタビュー項目は以上の４つだったが、確信犯のインタビュアーとして本当に知りたかったのは、②と④だった。

締役に就任した時点で、三菱商事はローソンの大株主だった（持株比率33％）。
「それから2年後に、三菱商事からローソンに取締役で出向していた方が研究室にいらして、『ローソンでも社外監査役をお願いできないだろうか』と依頼がありました。その頃のローソンの株主総会では、社外監査役人事について反対意見が多く出たり、提案が否決されることがしばしばだったらしいのです。せっかくなら女性の役員で、ということがあったかもしれないですね」（辻山）
２０１１年から２０２３年までの12年間、辻山さんはローソンで社外監査役を務めることになる。新浪社長の最後の2年から竹増社長の6年目まで、辻山さんは一度も欠席することなく、ローソンの取締役会に出席した。
「ローソンでは、何でもバシバシ意見を言いました。ローソンの取締役会のスタイルは、（三菱）商事とは全然違うのです。商事には社内に

大物の取締役が多い。社内が10人くらいで、わたしを入れて社外は5人だけ。社外は少数派でした」（辻山）
　ところが、ローソンの取締役会に出てみると、社内と社外の比率が完全に逆転していた。
「完全な今のスタイルで、取締役がスーパーバイザーで、執行役が実行部隊。かつ、取締役会のメンバーには社外が多いところへもってきて、強烈なキャラクターの女性がいました。奥谷禮子《れいこ》さんです[注52]」（辻山）
　奥谷禮子さんは、人材派遣を手がける「ザ・アール」のファウンダーのひとり。ＪＡＬの元ＣＡ（キャビンアテンダント）で、自分で会社を興した起業家である。
「だから、歯に衣着せぬと決めて、それで言いたい放題で発言していました。彼女はとにかく反対する人で、とりあえずすべてに反対しておくという。そういう感じの人でした。本人が経営者なので。当然、この反対意見の中には傾聴すべき点も多々ありました」（辻山）
　その後は、秋山咲恵さん（㈱サキ・コーポレーション創業者）が加わって、社外がすべて女性という取締役会の布陣になった[注53]。非上場化されるまで、社外監査役の３人が女性で、社内の取締役が２人だった。
「こんな取締役会は、ちょっと珍しいです。もう言いまくり、何でも言う。あらゆる案件に反対する人もいる。それを捌《さば》く最初の人が、新浪さんでしたから（笑）。竹増さんになってからも、その伝統は引き継がれているはずです」（辻山）
　社外の女性役員が交替で発言する取締役会の様子を、「ワイワイガヤガヤみたいな。そんな感じですかね」と、一緒に会議に出席していた宮崎からは事前に聞いていた。そして、辻山さんとは母親と息子ほど年が離れている竹増は、取締役会で発言する辻山さんのことを、「いつも応援してくれる頼りになる姉御《あねご》」と評していた。

「辻山さんはもう昔から、本当に頼りになる姉御みたいな感じの方です。意見もしっかり言っていただけます。一方で、すごく温かい応援をいつもくださいます。退任されてから、もう今で丸1年ぐらいですけれど、2回ほどご飯を一緒に食べたりしました。『最近どうなの』『見たわよ』とかアドバイスをいただいて、おもしろいですよ。チャーミングだし」（竹増）

貢献1：配当性向を下げて、利益を再投資に回す

ローソンの取締役会で議論する時、辻山さんは2つのことに留意していたという。1番目は、社外の監査役として、少数株主を代表する立場から発言するようにしていたこと。2番目は、投資案件（M＆Aなどを含む）の決定に関して、ローソンの企業価値を棄損させないように案件を厳しく評価していたことである。

最初の件に関して、辻山さんは、財務会計の専門家としての知識をベースに議論するように心がけていた。具体的には、過剰な配当（配当性向が１００％に近い時代）が長く続いていた。株価を高く維持するために、とりわけ大株主に対して短期的に利益を還元するという判断からだったと思われる。それまでの過剰とも思える配当に対して、辻山さんは真っ向から是正を要求した。

「配当で株を吊り上げるというのはおかしい。正常な軌道に乗せて、王道で株価を上げないとダメだということを言いました。それをやって良かったと思います。やったから体力もついた。竹増社長からも、『あの当時は、どうなるだろうと思ったけど、あれは良かった』と言ってもらえ

ました。わたしの発言が、竹増さんの援護射撃になったのですね」（辻山）
「稼いだ利益を丸ごと配当するのではなく、将来の事業のため、再投資に回すべきだ」という辻山さんの発言は、直近のローソンの業績回復にとってクリティカルな判断だった。

貢献2：投資案件についての厳しい評価

2番目の投資案件への厳しい評価も、辻山さんの貢献のひとつだと考える。とくにM&A案件の評価については、厳しく案件を精査して意見を述べている。それには結果もついてきている。
「投資案件について、当時の日本はデューデリジェンス（投資対象の金銭的価値やリスク評価）が甘すぎて、高く買ってしまっていました。だから、3分の1くらいしかM&Aが成功していない。それは、買うほうの会社が、買いたいものに前のめりになるからです。それに、M&Aを仲介するコンサル会社は、法外な値付けをする傾向があります」（辻山さん）
この点に関して、わたしも同じ意見だった。デューデリを担当するコンサル会社は、投資案件に対して法外な評価をしてしまう。それは、ある意味で当然と言えばその通りである。彼らにとって、M&Aはフィービジネス（売価定率）だからである。高く値段が付けば、その一定比率が収入になる。買い手の側は、結果的に高値摑みをしてしまうことになる。
辻山さんが投資案件を評価する時の原理原則を要約すると、次のようになる。
①「（投資案件について）前のめりになって、法外なお金を払わないこと」（仲介業者とは別に、独自で自社できちんと適切なプライスであるかどうかを判断すること）
②「少数株主の利益を毀損《きそん》しないこと」（貢献1で述べた通りのこと）

③「飛び地の投資には注意をすること」（要するに、コンビニという本体の事業があるのだから、そのためにシナジーがないところには手を出すなということ）

ローソンが関わった投資案件でも、「そういう気配もちょっと前にはありましたからね」と、辻山さんはご自身のローソンでの経験を振り返って話してくださった。

「大事なのは、3番目のシナジー効果をどう見るかですね。成城石井にしても、ユナイテッド・シネマにしても、海外の投資にしても、そうです。シナジーと無縁のところへの投資はもったいない。投資会社ではないのだから、配当もきちんと正常化して、それでプールしたお金をシナジーが見込めるところに投資する。エンタメの事業は、一見してシナジーがないみたいだけど、実際にチケットを売っていますよね。そういうエンタメも抱えているというのが、ローソンにとってはプラスになる」（辻山）

辻山さんは、成城石井の買収に対しても、同じような基準で臨んだという。なんでも反対する人は反対意見を述べたが、辻山さんの投資基準は、シナジーの話とプライシングの話で一貫していた。シナジーが見込めて、値段が適正で、投資会社や投資銀行に騙されていないか。その3点が、投資の判断基準だった。

結論：インタビューを終えて

辻山さんのインタビューからわかったことは、次の3点だった。

① ローソンの取締役会は、社内・社外に関係なく、腹蔵なく議論が展開されていたこと
② M&A案件の評価については、理論立てて厳しく精査して意見を述べていたこと

③　少数株主を代表する立場から、それまでの過剰な配当について異議を唱えたこと（その後は、配当性向が世間並みの30％程度に改善された）
とりわけ③については、ローソンのビジネスを分析している立場からは、とても納得ができる内容だった。というのは、辻山さんの指摘が発端になり、ローソンは余計な配当を減らすことができたからである。内部留保資金を厚くして、その蓄えた資金で、グリーンローソンに見られるような環境対応（ＳＤＧｓ）や地域重視（マチと暮らす、まちかど厨房）、あるいは社内のＤＸ（アバターや新セミオート発注など）の取り組みに投じられているからである。

というわけで、わたしが『新潮45』の論考で批判していた「女性大学教授」「公認会計士」「弁護士」「官僚」出身の怪しげな社外取締役（監査役）の枠から、辻山さんは大きく外れていた。そのことを知って、実は安堵したのだった。

彼女は例外である。わたし自身は、7年前の「社外取締役の問題点」について、基本的に主張を変えたわけではない。第一に、上場企業の社外取締役に対する報酬は高額すぎる。年間の報酬額は１０００万円を大幅に超えている。第二に、公認会計士や弁護士、あるいはキャリア官僚の天下り《あまくだ》先として、「社外取締役市場」が存在していることはナンセンスである。実態を知ったら、社会的に容認できるような仕組みにはなっていない。

そのような現実はあるが、ローソンにとって、辻山さんを社外監査役として迎えることができたことは、実にラッキーなことだったと思う。辻山先輩！　12年間のローソンでの社外監査役のお仕事、ご苦労様でした。

第10章 未完の社会実験

1 フードロス削減への取り組み

日暮里駅のホームで、廃棄直前のおにぎりを2個救済する

２０１６年11月18日。その日、有楽町の国際フォーラムで開催されている展示会の帰り道、都営浅草線が動かなくなった。停電らしい。遠回りになるが、日暮里駅でＪＲに乗り換えることにした。お腹が空いてきたので、ホームの売店を覗いてみた。この頃は、改札内のＫＩＯＳＫをコンビニ各社が運営していることがある。

振替輸送で混雑している日暮里駅の売店は、ファミリーマートが運営していた。おにぎりを買おうとして、リーチインクーラーの中を覗いてみた。目にとまったのは、鮭といくらのチラシ寿司（三陸産）。その隣には、手巻き寿司が何巻か置いてある。

アルバイトの若い男の子が、レジカウンターから出てきた。消費期限切れの手巻き寿司やおにぎりを下げる作業を始めた。消費期限の時間をチェックしている。

手際よく販売期限（棚時間というらしい）が来ているおにぎりを、バスケットの中に放り込んでいく。廃棄用のバスケットの中に、寿司とおにぎりが30個ほど。時刻は20時半。コンビニの閉店時刻は23時らしい。まだ2時間半はある。

数日前、知り合いの井出留美さんが執筆した『賞味期限のウソ』（幻冬舎新書）を読んだばかりだった。[注54]日本人は毎年、都民が消費する分の食品をごみとして捨てている。ほとんどが、賞味期限切れの廃棄食品（フードロス）だ。わたしはさすがに見かねて、バスケットを指差して、その子に尋ねてみた。

「バスケットに入っているおにぎりは、今ならまだ買えますよね」

若者は、やや戸惑いながら「はい」と答えた。わたしは、チラシ寿司を買って147円をレジで支払った。寿司のパッケージをひっくり返して、裏側のラベルをチェックしてみる。消費期限は、明朝4時。KIOSKの閉店時刻は23時だから、廃棄処分品として棚から下げるしかないのだろう。まだ棚に並んでいるのは、明日の午前中まで置いておけるおにぎりだけ。バスケットの中のものと同じくらいの数量だ。

遅延で電車が来ない。チラシ寿司を食べ切ったわたしは、手巻きのトロ寿司も追加で購入した。こんなふうに食べ物が捨てられていく風景を見るのは、気持ちのいいものではない。廃棄を前提にしたコンビニの商売。チャンスロス（欠品による売り逃し）を失《な》くすため、多めに発注することで利益を増やす。しかし、裁判沙汰にもなったビジネスの構造には根本的に問題があるように思う。ひとつの解決法は、フランス政府のように食品の廃棄に対して税金をかけることだろう。この制度が日本に導入されたら、フードロスは今の半分になるはずだ。

そんなことを書いたメールを、食品スーパーのヤオコーで青果部長をしている木村芳夫くん（元ゼミ生）に送ってみた。電車を待っていたら、すぐに「たしかにそうですね。食品スーパーは値下げで解決するから、実質的な廃棄は1パーセント未満ですよ」と返事がきた。コンビニは、値下げをしない。いや、システム的にそれができない。そもそもフランチャイズオーナーが、自由に値引きできないビジネスの仕組みに構造的な欠陥があるのではないか。

もうひとつの社会選択：アナザーチョイス[注55]

それから3年後に、ローソンが「フードロス削減のための販売実験」（アナザーチョイス）を沖縄と愛媛で始めた。発案者は、商品本部の涌井和広副本部長（当時）。「ローソンの『未来』を占う愛媛と沖縄の『民力』」という記事が、『日本経済新聞』（2019年6月7日）で紹介された。ローソンが取り組みを始めた「食品ロス削減の試み」（アナザーチョイス）の記事を書いたのは、日本経済新聞社の田中陽論説委員。トップの竹増にインタビューをして、沖縄と四国で始まる「フードロス削減のための値引き実験」の全貌を記事にしている。

記事では、愛媛県庁を訪れた竹増が中村時広愛媛県知事と共同で行った記者会見についても紹介していた。会見では6月11日から実施する食品ロス削減への社会実験の内容と、その説明をしたとのことだ。

社会実験の内容としては、ローソンの店舗に朝と昼に納品される「Another Choice」（アナザーチョイス）のシールが貼られたおにぎりや弁当（一部）を、Ｐｏｎｔａ会員とｄポイントカード会員の顧客が、夕方以降に購入する対象の商品合計金額（税抜）に対し、１００円につき5ポイントが購入月の翌月末に付与されるというものだった。

さらに対象商品売上総額（税抜）の５％が、次世代を担う子どもたちへの支援に回るので、消費者からすると5ポイントのお得感と同時に、５％の社会貢献に繋がるとのことだ。

また結果的に売れ残りが減少するため、社会問題化しているフードロスにも貢献できる可能性について触れ、そしてこの社会実験がローソン本部だけでなく、加盟店（オーナー）の収益も劇的に改善する可能性があるとして、なんと（！）その根拠としてわたしのブログ（http://www.kosuke-ogawa.com）が紹介されていた。[注56]

わたしが試算したシミュレーションは、値引きの効果はフードロスを削減するだけでない。ローソンの日販が改善して、店主の手取りが劇的に増えるという予測だった。

試算によると、値引きによる販売増で、オーナーの年収が４０９万から５１１万円も増える。従来は５００万円から８００万円と言われていた年収が、１０００万円を超えるオーナーが続出する計算になっていた。

同様の実験は、セブン‐イレブンでも同時期に始まっていた。こうした消費期限が近いおにぎりや弁当を値引きし、５％程度のポイントを付与する方式は、その後も大手2社（ローソンとセブン‐イレブン）の取り組みの標準になっている。この値引き実験の試みが開始されてから、コンビニでの値引きが一般化するようになった。

涌井のアイデア（アナザーチョイス）と、次節で紹介するローソンの余田オーナーの取り組み（「見切りは正義」の記事）が、コンビニにおける「値付けの実務（オペレーション）」を根本から変えることになった。

社会課題への対応

２０１８年から２０１９年にかけて、フランチャイズオーナーからの訴えがきっかけで、コンビニエンスストアの経営は、社会的に問題視されるようになった。コンビニ各社のトップは、経産省が設置した「新たなコンビニのあり方検討会」から呼び出しを受け、①フードロス削減への取り組み、②24時間営業の見直し、③値引き抑止などに対する対応、を迫られた。
２０２０年２月には、経産省の検討会から最終報告書が提出された。その後もフォローアップ調査（例えば、「日本フランチャイズチェーン協会」の報告書）などが公表されている。コロナ禍の緊急事態宣言の中で、コンビニ会社は、①〜③の批判に対して、各社それぞれに対応を試みていた。[注57]
本章では、ローソンのフードロス削減への２つの試みを取り上げる。わたし自身は、この課題に対して、フードロス削減のための手法とその妥当性を分析する立場にあった。わたし自身の個人ブログや雑誌でも論考を発表した。値引きすることで、コンビニのオーナーの手取りが増えることを予測するシミュレーション結果を紹介した。[注58]

2 値引きは正義、余田オーナーの挑戦[注59]

コンビニで値引きが始まった日

アナザーチョイスの実験では、わたしが想定したほどの結果がもたらされなかった。つまり、劇的にフードロスを削減して、オーナーの手取りが増えたわけではなかった。ところが、コロナ禍の真っただ中で、コンビニでは禁じ手の扱いをされていた値引き販売で、フードロス削減に挑戦するオーナーが現れた。

そのことを紹介する記事「『見切りは正義』コンビニの未来　ローソンFC発」が、『日経MJ』（2020年4月5日号）に掲載された。ローソンの余田利通オーナー（都内34店舗経営、当時）が、2019年8月から始めたフードロス削減のための値引き販売の半年間の実績が誌面で紹介されている。[注60]要約すると以下のとおりである。

ローソンのフランチャイジーであるセブンワイズの余田オーナーは、コンビニのオーナーになって約40年になる。長年コンビニ業界に携わる中で、大量廃棄などについて消費者から厳しい声に触れてきた。しかし食品廃棄を減らそうにも、従来のやり方ではなかなか成果を出すことができなかった。そこで販売期限が近づいた商品を見切り、売り切ることで、廃棄を減らそうと思いたった。

コンビニ各社は、従来は定価販売により収益を稼いできた。見切り販売を容認してしまうと、定価の商品が売れなくなり、本部のロイヤルティー収入が減ってしまう懸念があったためだ。また、値引きが常態化してしまうと、商品力で売れたのか、それとも値引きで商品が売れたのかがわからなくなる。需要予測の精度が落ちて、単品管理に支障をきたすという理屈から、これまでは見切り販売をタブー視してきた。

記事によると余田オーナーが考えた見切りの基本ルールは、次のようなものだった。
①見切りの対象は、午後10時～翌午前3時半に配送される「1便」
②同日午後11時に消費期限を迎える商品の値段を、午後5時から下げていく
③下げ幅は30円。ただし、店舗の立地や販売状況に応じて値引きの幅は変えていく
④大枠は決めたが、細かなところは現場の判断でやっていく

値引き実験からの気づき

半年間（2019年8月～2020年2月）の実験の結果をまとめると、次のようになったとのことだ。
①値引き開始から7カ月で、既存店の売上が対前年比で約5％伸びた
②弁当やパン、デザート類の廃棄ロスが約10％減少した
③売上高（対前年比）は、2019年9月のみが前年の同月を割ったほかは、全てプラスを維持した
④2019年10月以降は、ローソン全体の既存店売上高との対比で、値引きを実施した店舗がすべて上回った（例えば、2020年1月はローソン全体が0・3％増だったが、セブンワイズ

は9・5％増）
⑤そして店舗での廃棄はどの月も大幅に減少し、とくに7カ月のうち5カ月では10％以上減少している
余田オーナーの初期の経験から、値引き販売にあたって大切なことを、以下で列挙してみる。『日経MJ』の誌面では、かならずしも明確に書かれていなかったことも含まれている。
(1)「値引き販売」をコンビニの例外的な仕事と考えない
コンビニで優先すべきテーマが、「チャンスロス（売り逃し）を出さない」から、「なるべくフードロスを減らすこと」に変わった。フードロス削減は、今や「社会的な正義」である。大切なことは、社員をはじめとして、クルー全体で「フードロスをゼロにする」という理念を共有することだ。
(2)「フードロス削減」は単独の独立した仕事ではない
廃棄を減らすために「頭を使え！」ということを余田オーナーは主張している。フードロス削減は、単純に見切り販売をすることではない。廃棄を減らすためのスタートは、①精度の高い発注をすること、②それでも廃棄が増えそうになった場合は、陳列の工夫や声掛けでできるだけロスを減らす努力をすること。その場合、③値引き額の決定は、天候やその日の客の入りを見て機動的かつ柔軟に対応すること。
(3) ひとりのクルーが発注と陳列と見切りを担当すること
フードロスの削減のために、カテゴリーごとに責任者を決める。クルー全体でロス削減の努力

はするが、特定のカテゴリーについては、ひとりが発注作業から陳列、値引き（金額とタイミング）まで責任をもってあたること。フードロス対策は、ある種の思考実験（ゲーム状況）だからである。

値引き実験の結果

２０１９年の夏から始まった値引き実験は、次のような結果をもたらした。その後に、さらに進化は続けているが、２０１９年からの半年間でわかったことがある。
(4)　クルーのモチベーションアップ
値引き販売のテスト店頭を観察したところでは、「店内の清掃」（C）や「接客・声掛け」（S）が、以前より積極的に行われるようになった。おそらく、「ＱＳＣ（Quality, Service, Cleanliness）」がしっかりした店舗のほうが、フードロス削減の管理で成果が出やすいのだろう。なによりも、成果が出ている店舗では、クルーが仕事により熱心に打ち込んでいるように見えたことが印象的だった。
(5)　チャンスロス（売り逃し）を恐れない経営
一般的には、次のようなロジックがコンビニの常識と考えられてきた（「鈴木敏文氏の呪縛」）。コンビニ経営は、消費者に利便性を提供するビジネスだ。だから、必要な時に店頭に商品が置いていない状態は悪である。欠品は瞬間の売り逃しに繋がるだけでなく、再来店の頻度を下げて競合に客を奪われる原因になる。そのため（チャンスロス＝ゼロ）、最終的に捨てることになっても、商品は山積みして棚を絶対に空にしてはいけない。
(6) パラダイムチェンジ（オーナー利益の増加は、フードロスの負担減を原資とすること）
コンビニの父と言われる鈴木敏文氏のロジックは、今日のような環境配慮社会では、人々から支持を得られなくなるだろう。ビジネスの優先目標は、「チャンスロス＝ゼロ」ではなく、できるかぎりの努力による「フードロス削減」である。そのための方向にコンビニの経営は舵《かじ》を切るべきである。


フードロス削減の結果として、オーナーの負担が減るのであれば、店主の手取り（荒利益配分額）は増えることになる。実際に、ローソンの余田オーナーの店では売上も増えている。やみくもに商品を山積みするのではなく、発注を適正化してバックルーム在庫をコントロールすることで、加盟店の収入を増やすことができる。

この日を境に、コンビニの経営は、大きなパラダイムチェンジを経験することになった。フードロス削減は、今や社会的な正義になったからだ。ひとりのコンビニオーナーによる実験の結果が、コンビニの常識を変えることになった。

とりわけローソンの場合は、コンビニ本部の目標設定が、「適正な発注と値引きの推奨により、フードロスを削減して、店利益を最大化すること」に変わった。この流れが、次節の「次世代発注システム（AI.CO〈アイコ〉）」への流れを作った。

3　次世代発注システム（AI.CO）

マジックナンバー「85％」

涌井から、次世代発注システム（AI.CO）の説明を聞いている時に、おもしろい数字を耳にした。セブン‐イレブンの鈴木敏文氏が、しばしば発言していた発注の考え方に、「販売率85％」という経験値があるという。これを廃棄率で表現すると、「チャンスロスを極力なくすためには、廃棄率15％を許容範囲として商品を陳列棚に積み上げよ」（鈴木語録）である。

以下では、鈴木ナンバー（販売率85％、廃棄率15％）の根拠を論理的に説明する。つまり、「7個に1個（約15％）は、ある程度の廃棄は覚悟のうえで思い切って発注せよ」という命題の根拠を示す。実際は、販売するアイテムの商品力によって、販売個数（平均値）は1個から10個くらいまでバラバラになる。そこで、平均販売数が4個（λ＝4）のアイテム（例えば、鮭おにぎり）を典型例として説明する。

なお、おにぎりの発注個数（N）と廃棄率（売れ残り）に関する厳密な解説は、小川の個人ブログを参照していただきたい。そこでの前提条件は、①おにぎりの販売個数がポアソン分布（平均値：λ＝4）をすること、②おにぎりの価格弾力性（値引きの効果）が「3」であることの2つである。以下の説明は、わかりやすくするために数値例で示してある。実際のAI.COによる発注の推奨値はもっと複雑である。

図表10-1　発注個数別の廃棄率と販売率

D	E	F	G
	廃棄数（発注数＝ N）		
販売個数	発注数（N=3）	発注数（N=4）	発注数（N=5）
廃棄数（期待値）	0.348	0.781	1.215
（ケース 0）値引率 0%の場合			
廃棄率	11.6%	19.5%	24.3%
販売率	88.4%	80.5%	75.7%
（ケース 1）値引率 10%の場合			
廃棄率	8.1%	13.7%	17.0%
販売率	91.9%	86.3%	83.0%
（ケース 2）値引率 20%の場合			
廃棄率	4.6%	7.8%	9.7%
販売率	95.4%	92.2%	90.3%

発注個数別の廃棄率と販売率

例えば、平均4個売れるおにぎりを、店長が3個発注したとしよう。何個売れるかは、0個から3個まで確率的に決まる。3個を売り切った場合は、チャンスロス（売り逃し）が発生する。つまり4個以上発注しておけば、もっと売れたはずだからである。

なお、セブンの店舗では、余田オーナー（2節参照）に倣《なら》って、3年ほど前から値引きが行われるようになった。しかし、最初のケース0（図表10－1、値引率0％）の廃棄率と販売率は、それ以前の状態（コンビニで値引きがタブーだった時代）の結果に対応している。

おにぎりの売れ残りの個数（廃棄数）の期待値は、E列の3行目（0・348）に示されている。その結果は、驚くべき数値となる。

E列を縦方向に見ていく。発注数（N＝3）が3個の時（廃棄ロスを恐れて保守的な発注をする場合）は、廃棄数の期待値は０・３４８個で、廃棄率は11・６％（＝０・３４８／３）である。この時の販売率は、88・４％（＝１００％－11・６％）になる。

次にＦ列を縦方向に見ていく。販売個数の期待値（λ＝４）と同じ数（Ｎ＝４）を発注した場合である。その時の廃棄個数は０・７８１で、廃棄率は19・５％（＝０・７８１／４）になる。販売率は、80・５％である。

Ｇ列は、売上を増やすため、積極的に発注数を５個まで増やした時である。売れ残りが増えて、廃棄個数の期待値（１・２１５）が示されている。発注数を増やすと、おにぎりが売れ残って廃棄が増える。平均１・２１５個の廃棄が出て、廃棄率は24・３％（＝１・２１５／５）になる。販売率は75・７％である。

ローソン対セブン、商品力・日販格差、廃棄率の違い

涌井の説明によると、ローソンの場合は、消費期限が短いおにぎりや弁当の販売率は90％前後である。したがって、標準的な廃棄率は10％前後になる。さきほどの事例（平均販売個数：λ＝４）では、保守的に発注した場合（Ｎ＝３）に該当している。廃棄率が10％前後の状態（11・６％）に対応している。

対照的に、セブン‐イレブンの場合は、鈴木氏の発言を参考にすると、代表的な販売率が85％で、廃棄率が15％である。この場合は、発注数がＮ＝３（販売率88・４％）とＮ＝４（販売率80・５％）のほぼ中間（平均値）になる。

発注の実際（考え方）の違いから、両社の日販格差（10〜12％）の一部分が説明できる。上述

のデータからは、ローソンの販売率を90％（88・4％）として、セブン‐イレブンの販売率を85％〈（80・5％＋88・4％）／2＝84・5％〉とすると、発注方式から説明できる日販格差が約5％になる。

従来の日販格差は、発注方式の違いだけではなく、商品力の差を反映したものでもある。その部分が5～7％（両社間のλの差分）ほどあると推測できる。

セミオート方式から次世代発注システム（AI.CO）へ

2014年から2015年にかけて、旧来型の「セミオート発注（方式）」が導入された。セミオート発注は、本部から加盟店へのアイテムごとに発注量を推奨する方式だった。実際的には、コンピュータが需要予測した販売量を「推奨発注量」とするやり方だった。ところが、ローソンの加盟店の多くは、推奨発注量よりも少ない量の発注を行っていた。「実際は、わたしどもが推奨した発注量から20％ほど下が普通でしたね」（涌井）。

約20％の下の発注量は、先の例でいえば、「本部がN＝4で推奨するが、実際には加盟店がN＝3で発注をする」で説明ができる。次世代発注システムでは、AI（人工知能）が店舗ごとにこれまで以上の要因を取り入れて需要予測する。店舗ごとの特殊要因を勘案して、それをデータとしてAIのロジックにフィードバックするので、予測精度が高まってくる。

さらに、カテゴリー（アイテム）ごとに発注量を推奨するやり方が、従来型のセミオート方式とは2つの点で違ってきている。

①「ドライバー」という概念
次世代発注システムでは、推奨発注は「日別」ではなくて「週別」になる。正確に言えば、週別に「発注のレベル」（積極的／保守的の強度＝ドライバーの水準）をアイテムごとに、「店舗側」（オーナーや店長）が自主的に設定する。
涌井が、AI.COでは「発注が民主的になった」と主張する組織論的な根拠になっている。加盟店にドライバーを設定してもらうのは、日々の発注にかけている労働時間（平均90分）を削減するためである。ドライバーを設定しておけば、日々の発注は、ＡＩが自動的に計算してくれるからである。ただし、初期の頃は、思ったより多めに廃棄が出る傾向があるのは論理的にも明らかである。
②「値引き」の推奨
コンビニのマネジメントで、ここ2、3年で決定的に変化したのは、値引きが実務で普通に行われるようになったことである。ローソンの場合、次世代発注システムでは、消費期限が迫って売れ残っている商品に対して、ＡＩがアイテムごとに値引き幅（10～50％）を推奨してくれる。

値引きのフードロス低減効果

図表10－1で、Ｅ列（Ｎ＝3）～Ｇ列（Ｎ＝5）を比較してみる。ケース1（値引率10％）とケース2（値引率20％）では、一定時間が経過した後で、売れ残っているおにぎりを10％（20％）値引きした場合である。価格弾力性を「3」と想定したので、売れ残ったおにぎりの30％（60％）が値引きの効果で売れると想定している。

ケース1とケース2では、発注量（N＝3〜5）ごとに、値引き幅10％（20％）の結果が示されている。例えば、E列（N＝3）では、10％の値引きでは、廃棄率が11・6％から8・1％に低減している。F列（N＝4）では、廃棄率が19・5％から13・7％に減少している。G列（N＝5）からは、平均（4個）より多い発注（5個）でも、値引きをうまく活用すれば、廃棄率が24・3％から17・0％に低減できることがわかる。

なお、20％値引きした場合は、どの発注量（N＝3〜5）でも、廃棄率は1桁（4・6％、7・8％、9・7％）になっている。中食の粗利率は30％以上あるので、20％の値引きでも、粗利率は落ちるが、粗利額は増える。加盟店にとっても本部にとっても、値引きで粗利額を増やすことができることがわかる。


以上の数値例は、比喩的に言えば、「ドライバーの強度」が、N＝3〜5の発注推奨に対応していることがわかる。実際的には、もっときめ細かな水準が準備されているが、ドライバーと値引きの推奨を組み合わせることで、売上（店利益、本部利益）を増やしながら同時に廃棄を減らすことができる。

以上から、2024年に入ってから、ローソンとセブンの日販格差が縮まっている現象が説明できる。また、ローソンの収益力が高まっている理由も、納得できるのである。それは、次世代発注システムが、加盟店に次第に浸透してきている表れでもある。

結論である。直近の2年間で、セブンとローソンの間で、日販が接近してきている。それには2つの要因が関係している。第一に、商品開発力でローソンがセブンに追いついてきていること。カテゴリーによっては、ローソンの商品がセブンを追い越している。第二に、ローソンが次世代発注システム（AI.CO）を導入したことにより、SKU（ストック・キーピング・ユニット）単位での発注量（販売額）が増えたことである。

結局は、商品力の向上に裏打ちされた発注方式の変更と、思い切った見切り販売の実施の複合効果である。従来は陳列棚に商品を積み上げることができなかった加盟店が、AI.COの推奨にしたがって、着実に発注量を増やしている。積極的な発注方式と値引き販売の許容で、陳列棚に穴が空くことが回避できるようになった。

4　おにぎり温めますか？

実験対象を冷凍おにぎりに切り替える

フードロスを削減するための社会実験で、もうひとつのチャレンジが実験的に進行している。それは、冷凍の弁当やおにぎり、冷凍のパンを販売する試みである。第3章では、グリーンローソン（北大塚二丁目店）で、常温弁当を置かずに冷凍弁当とまちかど厨房だけで弁当を販売する実験を紹介した。

実験店では、冷凍弁当の販売が今でも続いている。ただし、わたしがグリーンローソンを再度訪問した時（2024年7月）には、実験開始時のアイテムから、「のり弁」と「ハンバーグ弁当」の2アイテムに絞り込まれていた。冷凍弁当を全店で展開するためには、実販売個数（／日）が目標の2個には届かなかったからだった。
「常温弁当は、1SKUあたり2個から4個売れないといけません。冷凍弁当の販売実績が0・5でしたから、常温弁当の代替にはならない。しかも購買されている時間帯を見ると、相当部分がご自宅に持ち帰ってから、自宅でレンチンするための在庫保管用のようでした」（涌井）
0・5個でも冷凍食品としてはそれなりのヒットではあった。しかし、涌井たちが狙っていたのは、レンジで温めてその場で食べてもらう「即食需要」だった。そこで考えついたのが、冷凍弁当ではなく、冷凍のおにぎりを販売してみることだった。
「冷凍をレンジで温めて、その場で食べてもらうには、おにぎりのハードルのほうが低いと思ったからです。冷凍の焼きおにぎりは、（冷凍食品メーカーから）2個とか4個のパックで売られていますよね」（涌井）
冷食用のパック売りではなく、冷凍おにぎりで1個ずつにすれば、1500Wのレンジなら冷凍でも30秒から40秒で解凍できる。冷凍弁当を解凍するには3分から5分はかかるから、それでは顧客が待っていられない。
「出先のコンビニで、冷凍でおにぎりを買うように仕向けたいと思ったのです。特に、北海道と福島と沖縄では、元々おにぎりをレンジでチンするんですよね」（涌井）

冷凍おにぎりの実験を、福島と東京で

「沖縄がなぜかは僕もどうしてもわからないのですが、北海道と福島は寒いからでしょうね。ど

のコンビニに行っても、『おにぎり温めますか』と聞かれますよ」（涌井）
『おにぎりあたためますか』というテレビ番組がある。タレントの大泉洋が出ている番組で、2003年3月26日から「北海道テレビ放送（HTB）」の制作により、テレビ朝日系列局などで放送されている。この深夜バラエティ番組名は、北海道のコンビニでおにぎりを買うと、「おにぎりは温めますか？」とレジカウンターで聞かれる言葉に由来している。
2023年8月22日から11月20日までの3カ月間、福島県と東京都の合計21店舗で、常温で販売しているおにぎり6品を冷凍おにぎりとして発売する実験が始まった。実験のために用意した6品目は、常温でも販売されている商品である。焼さけおにぎり、赤飯おこわおにぎり、五目おこわおにぎり、鶏五目おにぎり、胡麻さけおにぎり、わかめごはんおにぎりで、販売価格は138円～268円（税込）だった。
実験で選ばれた地域は、福島県内の10店舗と東京都内の11店舗。福島県は、コンビニのレジで「おにぎりを温めますか？」と聞かれることが多い県である。それに対して、一般的な都内の店舗でも実験を行うことになった。店内のレンジで温めてから食べる冷凍おにぎりが顧客から支持を得られるかどうか？　地域差も勘案しながら検証するためだった。

物流の効率化と商品実験販売

冷凍おにぎりの実験販売に先立って、2023年8月22日に、ローソン本部で、商品本部の涌井和広（上級執行役員）と平野剛（エリアMD統括部長：当時）がプレゼンターとなる「冷凍流通の説明会」を傍聴させていただいた。その帰り際に、ローソンゲートシティ大崎アトリウム店で、6種類の冷凍おにぎりを自宅に持ち帰った。

涌井の説明によると、冷凍おにぎりに取り組むことになった背景説明としては、①フードロス削減（店舗、製造工場）、②各種コストの上昇（燃料費、人件費）、③物流2024年問題への対処（ドライバー不足、配送ドライバーの労働時間上限設定）、④買い場の減少（買い物難民、効率的な物流の実現）が挙げられていた。

それ以外にも、冷凍おにぎりによって、新しい食習慣を生むことで市場を創出することを狙っていた。物流の効率化やフードロスの削減という社会的課題に対して、おにぎりの購買と食べ方を変えること（消費者の行動変容）での解決を企図していた。


以下、説明を聞いていたわたしの感想と意見である。

(1)説明で興味深かったのは、常温おにぎりに対する冷凍おにぎりの優位性についてだった意外なことに、保存期間だけでなく、味に関しても優位性があることがわかっている。
①冷凍おにぎりでは、本来は添加物を用いないようにすることができる（今回は味覚実験も兼ねているので、添加物を使用している）。②瞬間的におにぎりを冷凍することで、「塩慣れ」がなくなる（常温の場合は、お米に塩分がしみ込んでいくので、おにぎりの味が濃くなる傾向がある）。そのため、冷凍で減塩効果が発揮できる。結果として、③配送頻度の限界（日に2便）が突破できる可能性がある。

(2)冷凍おにぎりの導入は、物流システムを効率化することに貢献できる
冷凍品では、基本的に商品寿命が長くなるので（3カ月以上）、中間の物流ノード（おにぎり製造工場、店舗のバックヤード、自宅）のどこにでも、商品をほぼ劣化させずに在庫しておくことができる。必要な時には解凍すればよいので、無理をして迅速に配送する必要がなくなる。結果として、今、喫緊の社会的な課題になっている物流の効率を改善できる。

(3)常温と冷凍の混在について
聴講に来ていた新聞・雑誌記者の方からも質問があった。「常温のおにぎりも置くのか?」である。答えは、「常温おにぎりと冷凍おにぎりは、コンビニの売り場（棚）で当面は混在することになる」だった。常温と冷凍の両者が混在することの前提は、「いくら」や「すじこ」のおにぎりや「パリパリ海苔」のおにぎりは、冷凍すると素材の良さが失われてしまうからだろう。

もしかすると、解凍方法や電子レンジの性能向上によっては、良い解決方法があるのかもしれない。例えば、わが家では、海鮮いくらは冷凍保存しているが、解凍した時に問題はとくに起こってはいない。

もうひとつの解決方法は、ローソンがほとんどの店で「まちかど厨房」を持つことだろう。どうしても必要なおにぎりの具と海苔については、店舗で調理をすることにすればよい。海苔のパリパリ感や美味しいいくらの触感は、店内調理で維持できるだろう。他社では早急に対応ができない分、ローソンとしては競争力があるやり方になる。

番外編（フードロス、学校給食、子ども食堂）

涌井の話を聞いていて、ひとつのアイデアが浮かんだ。それは、冷凍おにぎりを学校給食で採用してもらうことだ。とりわけ、センター方式で学校給食を実施しているところでは、アツアツのご飯が食べられないという問題が発生している。地区の給食センターから学校に運んでいる間に料理が冷めてしまう。

また、センター方式の問題は、大量に作ることで食中毒のリスクにさらされることである。さらには、メニューが画一化されることも指摘されている（藤原辰史『給食の歴史』岩波新書、2018年）。この点を解決するためのひとつの方法として、冷凍おにぎりを学校給食へ導入することが考えられる。また、老人向けの介護食など宅配にも活用できるだろう。

その際は、ローソンのベンダーが、製造と配送の役割を担うことができる。冷凍おにぎりは、小学生にとっては、添加物が入っていない安全な料理である。お年寄りにとっては、塩分控えめの健康的な食品である。

ローソンは前述の「アナザーチョイス」（涌井副本部長〈当時〉統括プロジェクト）で触れたように、フードロスへの対応と子ども支援を関連させており、同じような発想で冷凍おにぎりなどを消費期限に関係なく、アツアツで健康的な食品を「フードバンク」（子ども食堂）などに寄付するという発想も可能になってくるのではないだろうか。[注61]

本章では、ローソンが未来のために取り組んでいる4つの実験を紹介した。主として、フードロスを削減して店舗利益を最大化するために、発注システムを作り直したり、値引きを推奨したり、冷凍品の導入で物流効率を改善する取り組みだった。

そのほとんどはまだ始まったばかりである。まだ実験途上で最終的な結論は得られてはいない。しかし、未完の社会実験に挑戦するローソンの社風がよく理解できる事例ではある。

次章以降では、リモート操作でアバターを使い、コンビニ（サービス業）での働き方を変えてしまおうとする取り組み（第11章）と、マチから消えかけている書店の文化をコンビニが継承するための試み（第12章）を取り上げる。どちらも、既存のコンビニ経営では考えられない野心的な挑戦である。

第11章

アバターで新しい働き方を創る

1 石黒浩教授との出会い

飛び級で「変革型リーダー養成プログラム」に推薦を受ける

日本の大手企業の多くは、将来の幹部候補を育てるために、国内外のＭＢＡ（経営学修士）留学など、経営幹部の養成プログラムを持っている。ローソンの社内にも、「ローソン大学」という幹部候補を養成するための教育機関がある。

ローソン大学には、ＬＭＣとＥＭＣという2つのコースがあって、各部署から優秀な社員を選抜して1年間、経営幹部になるための知識を学んでもらう。「グループで未来のローソンをどうするか」を学ぶのが、ＬＭＣ（ローソンマネージメントコース）。ＬＭＣを修了した社員の中からさらに選抜して、ＥＭＣ（エグゼクティブマネージメントコース）でアドバンストな経営知識を学ぶことになる。

２０１７年に法務部長に就任した後、月生田和樹《つきうだかずき》（執行役員事業サポート本部長）は、取締役会や株主総会、経営会議に出席して、法務に関わる案件で社長の竹増をサポートしてきた。月生田法務部長に対する信頼が厚いことは、竹増の次の言葉からもうかがい知ることができる。

例えば、月生田氏です。彼が実質リーダーとして、コロナ前の24時間問題や、コロナの時の法務的な観点から、僕に対して、「こういう問題になっています」とかアドバイスをくれていました。

２０２１年に立ち上げた「ローソングループ大変革実行委員会」では、法務的な立場から全体のサポートをしてくれています。

（２０２４年4月のインタビューより）

そうしたこともあって、あるＮＰＯ法人が主催する人材育成プログラム「変革型リーダー養成プログラム」に、ほぼ1年間、月生田は参加することになる。この人材育成プログラムは、全人的なリーダーの育成・輩出を目的としている。

月生田の場合は、ＥＭＣを受講していないので、「飛び級」である。約15年の歴史がある組織で、サントリーなどの酒・飲料メーカーや、ＪＲ、日立や旭化成などのメーカーといった派遣元は39社である。

研修プログラムの内容

研修期間は、２０２１年8月から翌年7月までの11カ月間。上場企業の役員候補が選抜されて参加している。全体プログラムの中に、「社会に一石を投じるビジネスコンセプトを考える」というサブプログラムがあった。社会課題をどのように解決して、ビジネスモデルに繋げていくのかを、参加者全員で学びながら取り組むプログラムである。

６つのチームに分かれてアイデアを練り、最終プレゼンで最優秀チームが選ばれる。月生田は、そのうちのひとつで、７名チームのリーダーに推挙された。

「わたしのチームから提案したのは、孤立孤独の世の中で、孤独死などの課題を解決していく方法でした。ローソン主体でやってしまうと、わたしだけの話になってしまいます。そこで、チーム全体の話を考えて、町の中に孤独を解決できるシステムを作るとどうなるだろう。そこで出たのが、町の食堂みたいな感じで、お年寄りも、孤独で引きこもっている人たちも皆集まって、色々なコミュニケーションが取れる場みたいなものを作るというアイデアでした」（月生田）

プレゼン後に参加者全員と講師陣が投票をして、月生田のチームが優勝した。

このチームが提案したアイデアが、アバターに興味を抱いたきっかけのひとつだった。座学の中に、大阪大学の石黒浩教授の講義があった。石黒教授は、大学で教える傍ら、アバター事業を手掛ける「ＡＶＩＴＡ《アビータ》株式会社」の創業者である。

ＡＶＩＴＡとローソンの協業

研修プログラムの折り返し点は２０２１年12月で、前期が終わった。月生田は、竹増に１学期分の報告をメールで送ることにした。

「メールの中で、大阪大学の石黒教授の講義を聞いて、こういうこと（アバターによる接客）もいいと思っていると報告をしました。竹増社長からは、『そのアイデアおもしろいんじゃないか。やってみたらどうだろう』という返信をいただきました。石黒先生から紹介を受けたＡＶＩＴＡ社とローソンでどういうことをやろうかと話し合いながら、アバターによる接客サービスのアイデアを詰めていきました」（月生田）
そこから９カ月後の２０２２年９月22日、ローソンは、「コンビニでの接客業務に遠隔操作によるアバターを導入すること」を発表した。両社の業務提携の内容は、「人手不足や深夜の就労対策としてアバターを活用し、時間、場所、年齢、性別、様々な障害などに制約されない新たな働き方や、アフターコロナにおけるリアル店舗での非接触の新しい接客の実現に向けて協業を開始する」というものだった。[注62]
業務提携の発表にあわせて、都内で報道関係者向けの発表会を開催した。竹増が登壇して、「アバターを活用した新たな接客と多様な働き方」をテーマにプレゼンを行った。続いて、大阪大学の石黒教授がアバターによるデモンストレーションを行い、「リアル店舗でのアバター活用の取り組みの実際、その課題と可能性」について発表を行った。
わたしもその場に同席して、おふたりのプレゼンを聞いていた。今だから正直に述べると、その時点では、アバターの活用がすんなりとコンビニの店舗で機能するとは思っていなかった。それが間違った認識だったということは、その後の展開で明らかになる。

2 グリーンローソンへのアバター導入

2つのプロジェクトが同期する

グリーンローソンのアイデアが竹増から出てきたのは、「ローソングループ大変革実行委員会」の発足（2020年末）から1年後の2021年末だった。毎年末に、広報活動の一環で、ローソンは各新聞社や通信社に対して「社長インタビュー」を実施している。

今年の振り返りと来年の取り組みについて、竹増がインタビューを受けている。「その中で初めて、グリーンローソンの話が出てきました。内容はサステナブルなコンビニ、近未来のローソンを見せたいというお話でした」（広報部・杉原弥生シニアマネジャー）[注63]。

一方で、月生田のアバタープロジェクトは、その頃は「ひとりプロジェクト」だった。2021年の年末に、竹増に月生田から中間報告がなされていたことは、先に述べた通りである。そのタイミングで、2つのプロジェクト（アバターとグリーンローソン）が竹増の頭の中で同期していたことになる。その後も、月生田はアバター導入の件で、しばしば竹増と面談をしていたからである。

「ある時の面談で、グリーンローソンの話が出てきました。竹増さんから、石黒教授のアバターの仕組みをグリーンローソンでテストしてみたら？　と」（月生田）

今振り返ってみると、月生田が竹増にアバターの話をしていなければ、グリーンローソンにアバターを導入するということはなかったはずである。

3つの約束とアバターによる接客

第3章の「グリーンローソン――4つの社会実験」では、北大塚の実験店を4つの特長で表現していた。すなわち、⑴アバター活用で誰もが活躍できる人にやさしい店舗、⑵〝冷凍〟と〝オーダー〟を受けてから作る店内調理〟で弁当廃棄ゼロを目指した地球にやさしい店舗、⑶DX活用による省人化と温かいコミュニケーションの創出、⑷CO_2排出量やプラ削減で地球にやさしい店舗。

グリーンローソンが目指している方向性は、当初は食品ロスやCO_2の削減のように、どちらかというとサステナブルな世界の実現を目指す方向で進んでいた。その店舗コンセプトに、アバター接客という新しいアイデアが入ってきた。

グリーンローソンでアバターを導入することで、店舗コンセプトに広がりを与えることになった。結果的に、極めてユニークな組み合わせになっていることがわかる。月生田は、竹増と相談したうえで、グリーンローソンの店舗コンセプトの実際を差配する立場にあった。ローソン（会社）の「3つの約束」とグリーンローソン（店舗）の「4つの特長」が次のようにきれいに繋がっていた。


最初にグリーンローソンをやろうという話になった時は、誰がやるのかというあたりが決まっていない段階でした。さしあたりの話が出たので、わたしのほうでどういうコンセプトでや

石黒教授とローソンゲートシティ大崎アトリウム店で

ろうかというのを関係者に集まってもらって何回か話し合ったことがあります。

元々会社のひとつの方針に「3つの約束」というのがあります。ホームページにも出ているのですが、「圧倒的な美味しさ」と「人への優しさ」と「地球（マチ）への優しさ」という3つのコンセプトです。

グリーンローソンの元々のコンセプトは、最後の「地球（マチ）への優しさ」、サステナビリティみたいなところにポイントがありました。もしくは、「圧倒的な美味しさ」の点でいくと、冷凍食品とかまちかど厨房なんかは、まさにこれにあたります。

ところで、真ん中にある「人への優しさ」というところは、いったい何なのだろうと考えた時に、まさに「働き方の新しい未来のようなものを作れる」のではないかということで、そこにアバターをはめ込んだのです。

3つのコンセプト（約束）がどれも満たされ

る店舗作りができるだろうとなります。それこそがグリーンローソンではないか、という話が出て、コンセプトが決まりました。

グリーンローソンのコンセプトを作る段階で、どの部署が担当するべきかが議論になった。結論を言えば、新規事業の開発を担当するインキュベーションカンパニーの酒井勝昭プレジデント（現在は、吉田泰治プレジデント）がその役割を担うことになった。

アバタープロジェクトがスタートしたものの、実験的に導入してくれる場所が見つからず、月生田は大いに思い悩んでいた。そのことを竹増に相談したところ、グリーンローソンを実験店とするという決断をしてくれたわけである。月生田にとって、それは渡りに船だった。

3 アバターオペレーターの採用

アバター接客の長所

小売業で接客の中にアバターを組み込む場合は、①便利な遠隔操作のコミュニケーションツールとしての技術的な側面と、②人間の働き方を変えてしまう未来的な側面がある。わたしは、この2つ（テクノロジーと新しい働き方）がどのように絡み合っているのかに興味を覚えた。

そもそも、アバターの本質とは何なのか？　月生田が石黒教授の講義と議論から学んだことを紹介してみたい。

「アバター」とは、単なるリモートワークのための手段ではない。要するに、「自分の個性、つまり容姿を別のものに変えて、他の人間と接触してコミュニケーションを取ることができる主体（人間）」と定義できる。アバターを使うことで生まれる効果は、「話しかけやすくなる」という特徴である。

直接対面することで、あるいは遠隔操作で人と話すよりも、アバターというデジタルの姿でコミュニケーションを取るほうが、話しかけやすくなる。ローソンの実験店で観察していると、小さな子供が何の躊躇もなくアバターのところに寄ってくる。

アバターはぬいぐるみのようなものなので、相手に警戒心を持たれないからである。しかも、アバターはＡＩのような機械的で〝冷たい存在〟ではない。その裏側には生身の人間がいる〝温かい存在〟である。アバターが人間だとわかった途端に、何とはなしに安心感が生まれる。

もうひとつは、サービスを提供する側にとってのメリットである。自分の姿をそのまま相手に映すわけではないから、場合によっては、姿だけでなく声も変えることができる。遠隔でアバターを操作する側にとっては、これは非常に使い勝手の良いコミュニケーション手段になり得るのである。

具体的な応用場面がいくつか考えられる。今までは容姿を出したくないので、接客ができなかったけれど、本当は接客に興味がある人がいたとする。昨今はコンビニが人手不足だと言われている中で、働きたい人に対して新たな雇用機会が提供できる。

一方で、ジェンダーの潮流がある中で、今は男性だけど女性の姿で働けたらうれしいと考える人もいる。アバターは、色々な価値観や多様性に応えられるツールになることがわかってきた。そうだとすると、働き手に、素晴らしい職場と新しい雇用機会が提供できることになる。

その可能性を探るために、実践的な使い方をテストしてみようということになった。そして、コンビニの接客にアバターを活用してみようという話が進んでいった。

40名のオペレーターを採用する

竹増と石黒教授の会見（2022年9月22日）の最後に、「ローソンでアバターワーカーを募集すること」がアナウンスされた。初年度の2022年度は、グリーンローソンで始まる実証実験のために公募を開始する。さらに2023年度までに、50名のアバターオペレーターを育成する。東京と大阪の10店舗で、オペレーターを増やす計画が打ち出された。
初年度の採用面接には、10〜30名の枠に約400名の募集があった。当初の予定を遥かに上回る人数だった。書類選考で約50名に絞り込んで、月生田が全員を面接することになった。[注64]
初回の採用面接に応募してきた人の中には、例えば、声優やナレーター、VTuberなどの仕事をしている人たちがいた。すでにバーチャルのキャラクターを使って、自分自身は登場せずに、声と身振り手振りで仕事をしている人たちである。
それ以外には、障害のある方や体力に不安を抱えている人、シニアの人などがいた。自身の特技や興味を活かそうとして、システムに強い人やアバターの仕組みに興味がある人、ローソンで働いたことのある人なども応募してきた。応募者は実に様々だった。

全員を面接した月生田は、合格者を絞り込むのが大変だった。
「皆さんとても優秀でした。アバターオペレーターという新しい仕事を、物珍しさで経験したいという方はほとんどいらっしゃらなかったです。この取り組みが継続できて、社会に広げていきたいという熱意を持った方たちばかりでした」（月生田）
月生田は全員を採用したかったが、そういうわけにもいかず、断腸の思いで、採用は40名ほどに絞ることになった。面接で合格した人の中には、アバターの運用に関して、「こんなことを考えてきたのですが、どうでしょうか？」とか「もっとこんなふうにしたらいいんじゃないですか？」など、自身のアイデアを提案してくれた人もいた。おかげで、アバターの使い勝手がよくなり、今後の可能性も広がるというおまけがついてきた。

オペレーター採用後の様子

アバタープロジェクトは、途中までは月生田のひとりプログラムだった。すべて、石黒教授と竹増への相談のうえで、実務的な意思決定をしてきた。しかし、月生田は、法務部長の仕事をしながら、社内のＤＸ推進で事業サポートをする仕事も兼務している。

この激務から解放されたのは、約40名のアバターオペレーターを採用した２０２３年3月からである。プロジェクトを担当する社員が３名に増えることになった。そのうちのひとりは、元々オペレーターの公募で採用した人物である。仕事熱心な男性で、今はプロジェクトリーダーの役割を担ってくれている。

なお、約40名の合格者を出したが、柔軟な働き方という観点からも、アバターオペレーターの仕事は興味深い実験場であることを示してくれる。２０２４年12月時点で、実際にアバターオペレーターが勤務している店舗は26店舗あり、約70名がアバターオペレーターとして従事している。

最初に採用した全員が今も活躍していることを、月生田から知らされた。「実際に現場があるのは、大塚の店だけですよね？」とのわたしの質問に、彼が答えてくれた。

「そうです。ただ今後少し拡大もあるので、迷いました。つまり、10～30名を採用するという公募でしたので、少数精鋭を育てるやり方と、できるだけ多く採ったうえで今後の展開に備えるやり方と２つありました。

そのように判断したのは、皆さんがかなり優秀かつ熱意をお持ちの方が多かったので、今のうちから皆さんに働いていただこうということにしました。その代わり、ひとり当たりの労働時間は少なくなるけどいいかという話を全員にして、それでもいいということで皆さんに入っていただきました」（月生田）

それぞれの実働時間は、一番少ない人で週2時間から4時間程度。多い人では30時間になる。そこは事情によって様々なようだ。

「30時間ともなると、ほとんどの時間は、自分のオペレーター業務以外にも他のオペレーターをサポートしています。土日で人がいない時に入ってもらうという意味では、オペレーターのサポーターとしての役割が多い人は稼働時間が長くなりますね」（月生田）

4 小売り以外のビジネスへの応用

社会の安定化に繋がるアバターの活用

アバターを使って接客サービスを提供することは、働き手からしてみれば、別にコンビニエンスストアに限る必要はない。ビジネス的にも、様々な業種でオペレーターが活躍することができるはずである。

例えば、ローソンの場合で言えば、シニアが再就職の場として選んでいる「移動販売車」への適用が考えられる。また、竹増が提唱している「ローソン・タウン」構想の枠組みで言えば、地方の公民館や図書館などに、「アバターオペレーターを派遣すること」ができそうだ。

全国各地の市役所や町役場でも、いずれ働き手が不足することになるだろう。バーチャルキャラクターを活用したアバターによる接遇を公共サービスのメニューの中で、便利なコミュニケーションツールとして使えるようにできそうではある。その他に、高齢化が進む中で、「高齢者の見守りサービス」にも使える可能性もある。

わたしから月生田に、「例えば、セコムさんのような警備会社が、住宅や事業所のセキュリティ管理に使えるのでは？」と投げ掛けたところ、セコムはすでに警備にＡＩを活用したバーチャルキャラクターを採用する検討を始めているようだった。

アバターとロボットを組み合わせてサービスを提供することもできるように思う。元々石黒教授は、アンドロイド（人型ロボット）を遠隔操作する研究の第一人者である。しかし、コンビニでいきなりロボットを採用するとしても、現段階では、1体当たりがものすごく高価なのとメンテナンスが非常に大変らしい。

一方で、アバターは、パソコン1台で基本的に遠隔操作ができる。初期投資のハードルが低い割には、技術としてはかなり進んでいる。将来的にロボットが安価になったら、今のオペレーターがロボットに代わることになるかもしれない。そうなれば、アバターが画面の外に出ていって、棚で商品を補充したり、厨房で料理を作ったりということにもなりそうだ。夢は大きく膨らんでいく。

実験店のオープンを終えて

石黒教授との出会いからほぼ2年で、アバタープロジェクトは、店舗での実験開始をもって第1段階を終えた。オープンの日を無事に迎えられた感想を、月生田はローソングループ公式ｎｏｔｅのインタビューで語っている。[注65]
オペレーターの皆さんが、研修中に採用されてすごくうれしいとか、もっとみんなで頑張ろうとよく言ってくれたんですよ。そういう言葉を聞くと私もうれしくなって力が湧いてきて、彼らから元気をもらって何度でも立ち上がるみたいな感じですかね。
このプロジェクトに対する彼らの情熱に幾度となく救われました。
あと、社内の人の応援や協力も力になりました。皆さん本業で忙しいのに、手伝っていただいたので感謝しかありません。

当日は私も朝からお店に行って見守っていたのですが、何のトラブルもなく無事運用できました。その後、現在に至るまで大きな問題はなく稼働しています。

アバターシステムがきちんと稼働したことでほっとしました。よくスケジュール通りにスタートできたなというのが正直な感想です。

オペレーターの方々も何回か研修はやってはいたものの、初めての試みなのでいざ実戦となるとかなり不安もあったと思うんですよ。でも終始きちんと問題なくこなせていたので安心しました。

業務終了後、「実際にアバター店員をやってみてどうだった？」と感想を聞いたところ、皆さんひと言目に必ず「楽しかった！」と答えていただけたんです。オペレーターの皆さんが楽しく働けると接客の雰囲気もすごく明るく、温かくなり、それがお客様にも伝わったのでよかったなと思いました。

オペレーターたちへの優しいまなざし

月生田は、オペレーターたちと一緒に、開店準備に追われていた。実際にオープンしてみると、色々気付いた点もあったようだ。

顧客に訴求できる商品は、時々の商品の在庫の状況で変わってくる。アバターでは店内の在庫で確認できる商品が限られる。例えば、からあげクンの什器は見られるが、デザートケースの在庫状況は見られない。でも、リアル店員に在庫状況を教えてもらえば、色々とできることも広がっていく。

そのうちに、アバターオペレーター側のスキルが上がって、リアル店員の方たちとの連携を強めていくことができれば、接客のレベルは上がっていくだろう。お客様への訴求力もアップしていくことになる。


それにしても、月生田がアバターオペレーターを見るまなざしが、とても優しいように見える。それは、ローソンに入社するまでの自身のキャリアと関係しているようにも思える。

月生田は大学卒業後、2003年まで4年間は無職だった。子供の頃から検事になりたくて、司法試験合格を目指して勉強していた。挑戦をやめた理由は、司法試験改革だった。法科大学院ができて合格率が上がり、一気に勉強のモチベーションが下がってしまったからだった。

「学部時代から8年間、そのうちにだんだん心が荒《すさ》んできました。夜眠れなかったり、理由もなく突然涙が出てきたり。たぶん心が病んで、もはや限界にきていたんでしょうね。それと実家に住んでいたので親に迷惑をかけているという負い目もありました。あんまり長く続けるとさらに迷惑をかけるからとやめて働こうと思いました」（月生田）

そのタイミングで、月生田はローソンに入社することになる。自身が引きこもりに近い厳しい体験をしてきたので、事情があってアバターオペレーターとして働いている人たちの心情がよくわかるのだろうと思う。

オペレーターの皆さんも、月生田の自分たちへの接し方を見て、共感と感謝の言葉を返してくれているようだった。アバタープロジェクトが無事に立ち上がったのは、月生田がオペレーター

の皆さんを自身の分身（アバター）だと考えてくれていたからだろう。インタビューを通して、
わたしはそのように感じるようになっていた。

第12章 地域の生活文化を守る

1 マチの本屋さん

全国11都道府県に29店舗

ローソンは、2014年から「書籍を重点的に取り扱う事業」に取り組み始めた。「私たちは〝みんなと暮らすマチ〟を幸せにします」という企業理念を掲げる小売業として、書店がなくなって困っている地域の生活文化を守るためである。

「LAWSONマチの本屋さん」（書店併設型コンビニ）の事業担当は、平野彰宏（シニア・マーチャンダイザー）。平野は、2001年にローソン入社。店舗営業（店長、SV）を経験した後、2011年からエンタメ部門に異動して、おもちゃやエンタメくじ、トレーディングカードなどを担当してきた。

2016年からは、出版物（雑誌、コミック、書籍）の担当になり、現在は、前任者の仕事を引き継いで、本屋さん併設のコンビニ事業の開発を担当している。

図表12-1　書店併設型店舗

地域	書店とのコラボレーション	「LAWSON マチの本屋さん」
青森県	—	1 店舗（田子町店）
宮城県	—	1 店舗（石巻相野谷店）
茨城県	—	1 店舗（日立駅前店）
埼玉県	1 店舗	2 店舗（狭山南入曽店、滑川森林公園駅前店）
神奈川県	11 店舗	1 店舗（向ヶ丘遊園南店）
富山県	—	1 店舗（立山町役場店）
福井県	—	1 店舗（越前芝原店）
愛知県	—	1 店舗（碧南相生町三丁目店）
岐阜県	—	1 店舗（岐南町伏屋五丁目店）
兵庫県	—	1 店舗（神戸ジェームス山店）
島根県	—	1 店舗（江津敬川店）
広島県	5 店舗	—

（「ローソン滑川森林公園駅前店」2024年11月22日リニューアルオープン時、29店舗）


インタビューに先立って、２０２１年から出店を始めた「マチの本屋さん」（２０２３年3月当時、8店舗）のリストをもらった。「マチの本屋さん」は、青森、宮城、茨城、埼玉、神奈川、愛知、兵庫、島根の8県に1店舗ずつあった。神奈川の本屋さん併設店舗も、郊外の向ヶ丘遊園にある。8店舗のすべてが地方の「書店過疎地域」への出店になる。

ほとんどは採算面から、その地域から書店が撤退するか営業をやめてしまったケースである。本屋が撤退してネット以外では書籍が入手できなくなった不便さを、ローソンが補完する役割を果たしている。リストをもらった後にオープンした「ローソン立山町役場店（富山県）」（後述）は、図書館と協業する機能を担う書店併設店である。

なお、ローソンが独自で展開している「マチの本屋さん」（12店舗）の他に、書店とコラボレーションしているローソンが、全国に17店舗ある。２０２４年11月現在、書店併設型のローソンは、全国29カ所ということになる（図表12－1）。

ローソン神戸ジェームス山店

平野へのインタビューの前に、どこか1店舗でもいいから「マチの本屋さん」を訪問してみたいと思った。客層や店員さんたちの働きぶりを見てみたいと思ったからだった。２０２３年5月中旬に、仕事で関西地方に出張する機会があった。仕事先から最も近い兵庫県内の店舗（ローソン神戸ジェームス山店）の位置をチェックしてみた。

本屋がある場所は、ＪＲ須磨駅の近くだった（実際には、駅から離れた山の中だったが）。京都での仕事が夕方からだったので、午前中に神戸ジェームス山店に立ち寄ることにした。地図で見ると、海岸線からかなり内陸に入ったところにある。

「ローソン神戸ジェームス山店」という店名は、外国人（アーネスト・Ｗ・ジェームス氏）がその昔に住んでいたからのようだった。タクシーの運転手さんによると、須磨の海岸沿いから小高い丘にかけては、神戸市内に勤務している外資系企業の経営幹部の別荘地だったようだ。

周辺には、イオンモール（4Ｆに書店あり）やホームセンターのコーナンがある。この付近は、神戸のベッドタウンになっているようで、買い物施設は充実している。しかし、神戸市内の書店のデータを見てみると、２０２０年から２０２２年にかけて、本屋が4店舗ほど閉鎖になっていた。

ローソン神戸ジェームス山店は、コンビニ部門のスペースが、35坪強。ドラッグの強化併設店

ローソン神戸ジェームス山店

でもあり、薬も置いてあった。床のタイルを見ながら歩幅（1歩60㎝）で測定すると、本の売り場は18坪（9歩×16歩＝約5ｍ×約10ｍ＝50㎡）である。書店の部分は、店舗全体の約3分の1の面積を占めていた。

コンビニ部分もそうだが、本屋の部門も掃除がよく行き届いていて、床がピカピカだった。一番大きなスペースが、雑誌とコミックに割り当てられている。ドラッグを強化しているので、健康関連の書籍が置いてあるのが印象的だった。わたしが滞在していた午前中の10分間で、本の売り場への滞留客は、年配の男性がひとり。その方はコミックの棚を見ていた。お目当ての本を購入したかどうかは確認していない。

訪問後のインタビューで平野に聞いたところ、「（あのお店は）夕方からお客さんがいらっしゃるようです。標準的なターゲットは、子供さんがいるお母さんやシニアの男性です。場所によっては、学生さんなども有力な顧客です」とのことだった。

北鎌倉のローソン・スリーエフ店

余談になる。帰宅した後、個人のインスタグラムに、ローソン神戸ジェームス山店の写真を投稿してみた。そうしたところ、北鎌倉に住んでいるフォロワーの方から、近くに本屋併設のローソンがあるとの情報をもらった。注66
調べてみたところ、「マチの本屋さん」の業態ではないが、「ローソン・スリーエフ鎌倉台店」（ローソンとスリーエフのダブルブランド店）だった。昔から、スリーエフ（横浜ベース）は、書店チェーンの文教堂と組んで、コンビニに雑誌や書籍を置くノウハウを持っているようだった。鎌倉台店は、文教堂とのコラボレーションをした店舗だったと思われる（図表12－1、神奈川県内11店舗のひとつ）。
北鎌倉の当該エリアは、今や本屋が消えてしまった場所らしかった。「北鎌倉の小袋谷《こぶくろや》からは、スーパーも本屋も撤退してしまいました。だから、とても流行っていますよ。鎌倉台店には、重宝しています」とフォロワーさんからコメントが戻ってきた。
色んな意味で、マチの本屋さんは、ローソンらしい業態だと感じた。本屋併設のコンビニは、マチをキーワードにしているローソンの将来性を感じる話だった。

2 「マチの本屋さん」、事業コンセプトの変遷

はじめは「書籍強化型」から、コーナー展開で

２０１４年に始めた「マチの本屋さん」では、コンビニの雑誌の横に茶色い専用の棚を2台置いて、コーナー展開していた。そこでは、通常の雑誌類ではなく書籍を扱っていた。このタイプの「書籍強化型」と呼ばれる書籍コーナーが、今は全国で約３５００店舗（２０２４年3月時点）にある。
書籍を重点的に取り扱うようになった時点で、そこを「マチの本屋さん」という呼び方をしていたわけである。ちょっと紛らわしいが、現在のような「書店併設型コンビニ」の店舗とはタイプが異なっている。
「雑誌と違って、書籍はコンビニではあまり触っていなかった部分です。駅前の書店に出かけたり、電車を乗り継いでターミナルの大きな書店に行かなくても、コンビニでも書籍が手に入る。そこにチャンスがあるのではということで、２０１４年にコーナー展開を始めました」（平野）
これに対して、「マチの本屋さん」（書店併設型コンビニ）のブランドとしての1号店は、２０２１年6月にオープンした埼玉県狭山市の「狭山南入曽店」（図表12－1）である。話は戻ることになるが、２０１４年に始めた書籍強化型の「マチの本屋さん」は、雑誌の売れ行きが厳しくなる中で、当時から書籍はそんなに売上が落ちていなかったという事情があった。

単純に書店併設型店舗という意味では、２０２０年11月に神奈川県横浜市の「鴨居駅東店」のオープンが1号店になる。鴨居駅東店は、インスタグラムのフォロワーさんが利用していた「スリーエフ・ローソン鎌倉台店」と同じで、書店の文教堂とコラボした書店併設型店舗である。

スリーエフと文教堂のコラボレーションから学ぶ

鴨居駅東店も、当初は書籍取次の日販《にっぱん》と協力して運営する予定だった。ところが、開店準備がスケジュール的に間に合わず、まずは文教堂とコラボした形で書店併設の店舗をオープンすることになった。それが２０２０年11月だった。
その頃のことを振り返って、平野は事業の形が急展開した時の事情を説明してくれた。スリーエフがローソン傘下になって以降（２０１６年〜）は、ローソンがスリーエフの書籍事業から学ぶことになったからである。
「これまでほぼ扱っていない書籍物でしたから、最初は、簡単に什器2本でできると思っていたのです。ところが、２０１６年にスリーエフさんとローソンで、書籍事業で一緒に取り組みをさせていただきました」（平野）
スリーエフは、30年前から文教堂と書店併設のビジネスに取り組んできていた。平野たちが、一緒にスリーエフの担当者と打ち合わせをするようになってから、書籍強化型（什器2本の棚で書籍を取り扱う）より、書店併設型のほうが出版物を届けるという意味では最善の策ではないかと考えを変えていった。「それで、書店併設型のほうにアクセルを踏み込んでやっていこうという話になりました」（平野）。

書店併設型の店舗を主軸にできたのは、スリーエフのノウハウがあったからである。それでも2020年に文教堂とのコラボ1号店（鴨居駅東店）を開くまでには3年ほどかかっている。2021年6月に「狭山南入曽店」がオープンするが、こちらは、日販とローソンが共同で運営する「マチの本屋さん」の1号店ということになる。日販との共同運営（2025年3月以降は同じく取次会社のトーハンがその業務を引き継いでいる）の中身については、次節の最後で改めてその経緯を解説することになる。

3 コンビニの書籍ビジネス

コンビニ商品と本の買い合わせ効果

平野のチームが、書店併設型の方向にアクセルを強く踏み込んだ理由のひとつが、「コンビニの商品と本の買い合わせが期待できる」という効果だった。朝日新聞の記者が、この買い合わせの効果について上手に整理してくれている。[注67]
記事では、コンビニの利用者は男女ともに30〜40代が一番多いが、クロスワードや健康に関する本を高齢者向けに、絵本を子育て世代向けに取り扱うことで、ネットショップの使用が苦手な高齢層や、幼い子どもがいて遠出ができない子育て世代を取り込めるというローソンの考えを紹介している。

そして向ヶ丘遊園駅の周辺に唯一あった書店が閉店したことに触れ、2023年1月にローソン向ヶ丘遊園南店が書店併設店としてリニューアルしたことを報じている。

また子連れ客が絵本と一緒に「からあげクン」を買ってくれるなど、本を取り扱うことで他店との差別化ができると、オーナーが語っている。

子どもが自宅の近くで漫画を買うというかつて当たり前にあった環境がなくなりつつあり、本の灯を消したくないと語る平野の決意も掲載されていた。

本や雑誌の購入者は、客単価が150円高くなる

男女30～40代とシニアが紙の本を買うというのは、何となく感覚的にはわかるが、子育て世代のお母さんたちが、併設型の店舗で多くなるというのは、わたしにはちょっと意外だった。コンビニの立場からすると、本を購入するついでにコンビニの商品も買ってくれるということである。
第6章で、ローソンで無印良品を買ってくれる顧客は、客単価が高くなるという現象をデータで示した。また、無印ブランドでコーナー展開すると、新規客が2％ほど増えていた。それと似たような関係が、書籍や雑誌を扱う書籍併設店にもあるようだった。「書籍の場合でも同じようなことが起こっているのですか？」と平野に尋ねてみた。答えはイエスだった。
「書店併設にすると、本や雑誌を買ってくださる方は、150円ぐらい客単価が上がります。それと、今までローソンに来ていなかった若者やお子様連れの主婦の方が増えましたね」（平野）
平野からは、興味深い買い合わせの事例をいくつか紹介してもらった。

「例えば、『ワンピース』のコミックだと、買い合わせで一番高いのは『からあげクン』です。そこで、新刊で『ワンピース』のコミックが出る日には、『からあげクン』をたくさん作るよう、SVさんたちに情報を流しています」（平野）
「からあげクン」と『ワンピース』の併売には、時間的な傾向も見られた。書店併設では、「からあげクン」の併売率は夕方から伸びてくるらしかった。確かに、それはそうだろうと思う。さすがに仕事中に『ワンピース』は読めない。仕事帰りにローソンに寄って、ビールと「からあげクン」を買って『ワンピース』を読もうと考えるだろう。
平野から聞いたもうひとつのおもしろい事例は、午前中のシニア客の牛乳と雑誌の併売の事例だった。午前中に来店するシニア客が、『週刊文春』と1000㎖の牛乳が併売される典型的なケースである。だから、毎週木曜日（『週刊文春』の発売日）には牛乳を欠品させたらいけないとのことだった。

マチの本屋さんで、取次と組んだ意味

提携先のスリーエフのノウハウもあるのだから、書店併設コンビニの事業展開としては、最初は文教堂と組むのかと思って平野の話を聞いていた。しかし、最終的には取次の日販と組むことになった。その理由を尋ねてみた。

併設店のオーナーからすると、書店の部分はやはり素人である。書店を運営するための知識を店側に継続的に伝えていく必要がある。店舗のオーナーさんも、エリアを担当しているSVもその知識を持ち合わせてはいない。そうすると現状では、日販の支店で営業を担当している方に店

舗を巡回してもらう必要が出てくる。

「来月はこういう新刊本が出てきます」とか「こういう売り場作りで展開していきましょう」と指導をしてくれる人材に書店経営のノウハウを教えてもらうしかない。言ってみれば、「書店版ＳＶ」のような営業担当者に、情報提供の仕事を依存せざるをえないのである。

日販とトーハンの2社では、「書店ＳＶ」の役割を担える人材が育っている。ところが、紀伊國屋やジュンク堂のような全国チェーンでも、「書店版ＳＶ」ができる人材はいない。例えば地域ごとに、神奈川だと文教堂とか、別の地方に行ったら地域一番の書店チェーンが、ＳＶ的な役割を担うことが期待できそうだ。

しかし、ローソンのような全国チェーンだと、エリアごとに提携先の書店をたくさん抱えることになる。取り組み先が増えていけば、それだけでコミュニケーションコストが高くつく。日販やトーハンに、ある種の代理店機能を委託したほうが、ローソンとしても仕事がスムーズになり、書店部分の運営効率も良くなる。

そもそもコンビニで取り扱っている雑誌は、流通面でも日販と組んできた歴史がある。

「取次としては、トーハンさんとか日販さんがあって、そこに情報パワーが集中しています。流通網もあるので、取次さんと組んだほうが今のところはベストであると考えています」（平野）

4 地域のニーズに寄り添った店舗

書店併設型の店は手間がかかる

ところで、書店併設型のオーナーを募集するにあたって、平野は初めからすべてを正直に伝えてしまうという。書店併設型の場合、必ずオーナーに言うのは、「運営が面倒です。手間がかかります」の2点である。「それでもやっていただけますか?」とスタート時に念押しをするそうだ。

面倒な顧客対応が必要で、余計な手間と対応のための時間が増えてしまうからである。

そこで効率を求めてしまうと、一律的な面白みのない売り場になってしまう。それだと、顧客からしてみれば、売り場にワクワク感がなくなり、いずれ客足も離れていってしまう。

「われわれの理念に共感してやっていただけるオーナーさんだけにしないと、ローソンの想いが伝わらないのです。それが売り場にも反映してしまいます」(平野)

ふと思いついて、「パートさんを採用する時に、本や雑誌が好きだったり、知識が豊富な人を採用することはあるのですか」と尋ねてみた。そんな採用の仕方があるような気がしたからだった。

実際に、愛知県にある「碧南相生町《へきなんあいおいまち》三丁目」という併設店でその実例があった。オープンのタイミングで、碧南相生町店では、「本好きの方はぜひ応募してみてください」という募集広告を出すことにした。実際に、平野が担当のSVから聞いたところでは、通常の店舗よりも、アルバイト店員のほうが少し多めに集まったとのことだった。

本が好きな方で、近くに書店がなくて書店でアルバイトができなかった方にとって、好きな仕事で働くことはモチベーションもアップするのだろう。ちょっと手間がかかる部分もあるが、そうした人たちにとっては、仕事のおもしろさに繋がっているのかもしれない。

品揃えのユニークな店舗

生鮮品や惣菜類を扱っている食品スーパーと同様に、コンビニの場合も、その地域特有の好みや場所の特徴が品揃えに反映される。ローソンの書店併設店でも、同じようなことが起こっている。良い例が、マチの本屋さんの1号店、狭山南入曽店である。
狭山南入曽店のすぐ後ろには、航空自衛隊の入間基地がある。入間基地では、自衛隊の戦闘機が10分に1回ぐらいの間隔で離着陸している。そこで、マニアの皆さんが、戦闘機が滑走路から飛び立っていく写真を撮るために集まってくる。
「オープン当初から、狭山南入曽店では、ミリタリー系の雑誌やプラモデルがすごく動きました。いつの間にかコーナーを作って、自衛隊から航空機の写真本などを仕入れて、ユニークな品揃えを展開しています」（平野）
もうひとつのユニークな店舗は、向ヶ丘遊園の駅前にある書店併設型のコンビニである。2023年1月にオープンした向ヶ丘遊園南店は、専修大学の通学路にある店舗である。あまり他の店では見られない特徴として、大学生がよく読むような資格本や就職関連の本を多く仕入れている。

向ヶ丘遊園南店では、専修大学と組んでインターンの取り組みを実施した。テーマは、「地域に書店がなくなってしまう不便さを、どのようにすれば解消できるのか?」だった。その課題をもって、2023年の1年間、専修大学の学生さんたちと一緒に課題解決に取り組んだ。

町役場の敷地内にあるローソン立山町役場店

ユニークな書店併設店の3番目の事例は、「ローソン立山町役場店」である。名前からわかるように、この店舗は、富山県立山町役場の敷地内に建てられている。
2024年4月26日にオープンした店は、土地・建物を町役場が提供している。日販の協力のもとにローソンが店舗を運営している。ローソンが併設店を出す前は、立山町は「書店ゼロ」の町だった。[注68]
立山町役場店では、通常のコンビニの品揃えや、ローソン銀行のATMとチケット予約ができるLoppiを設置している他、雑誌・コミック・文庫本・ビジネス書・小説など約4000タイトルの本を取り扱っている。また、店内には、イートインスペースの他、地域の交流の場として「コミュニティスペース」を設置している。
立山町の場合は、町として書店が欲しいので、自治体が連携したケースである。オープンした「マチの本屋さん」には、立山町の図書館に本を卸してくれないかという話も持ち込まれている。コンビニと町立の図書館が提携した初めての事例である。

コンビニの社会的役割が変わる

小売サービス業に期待される役割は、時代とともに移り変わっていく。

地域に密着した今までのコンビニが、災害時に必要とされる「社会的なインフラ」から、少しだけ「文化的なインフラ」にその役割を変えてきている。ひとつの事例が、本章で紹介した「マチの本屋さん」だった。

第2章「日本最北端の地への進出」で見たように、スーパーや地元の商店が消えてしまった過疎地に、ローソンはあえて新規の出店を試みている。しかも、その取り組みは今のところ一定程度の成果をあげている。地域の生活の不便さを解消することに貢献できているという意味で、地元の人たちにも大いに喜ばれている。

本章で取りあげた書店併設型のコンビニは、それとは少し違った形での地域貢献になる。それは、失われてしまった「文化的なインフラ」を取り戻すための試みである。ローソンのそうしたチャレンジは、ビジネス的に越えなければならない課題も多い。しかし、地域の生活文化を守るという点で、ローソンの書店ビジネスにはこの先も期待が大きい。

エピローグ

チャレンジャーズフォーラム2024

２０２４年1月13日、ローソン初の社内イベント「Challenger's Forum ～COLORS～」が、豊洲のユナイテッド・シネマ（スクリーン1）を借り切って開催された。グループ各社から若手社員９名が登壇して、仲間や自身の仕事上でのチャレンジについて熱く語った（２７１ページ）。舞台スクリーンの横には、竹増社長をはじめとするグループ企業のトップ４人が、トークセッションに参加するために座っていた。

〈登壇者リスト〉
㈱ローソン　代表取締役 社長　竹増貞信
㈱ローソンエンタテインメント　代表取締役 社長　渡辺章仁
㈱ローソンストア１００　代表取締役 社長　佐藤隆史
㈱ローソン銀行　代表取締役 社長　鶴田直樹
ローソングループ各社　社員９名

イベントの企画運営は「大変革実行委員会」で、最後の10番目に発足した「グループブランディングプロジェクト」。リーダーは、楯美和子広報部長（常務執行役員）だった。豊洲の会場とオンライン参加者を合わせると、プレゼンを聞いたのはグループ社員で、オーディエンスの数は、全部で約３３００名に達していた。

いつもは映画が上映される場所を借り切っての体験発表会だった。本書に登場している若手社員たち（只野ひとみさん、坪井佑樹さん）の話を、わたしはスクリーンの一番後ろの椅子に座って聞いていた。イベントのアイデアは、インナーブランディングを目的にした会議で生まれたものだった。

フォーラムの企画と実施をリードしてきた楯さんから、イベントの実現に至るまでの経緯を伺った。

「大変革実行委員会では2、3カ月に一度、各プロジェクトがどんなことに取り組んでいるのか、何を目指しているかを発表する場があります。ある時、グループブランディングのプロジェクトに、プレゼンの順番が回ってきました。その時に、『仲間のチャレンジを理解して称賛する場を作ることができれば、自分たちが目指すことがもっと浸透するはず』と提案したのです」

（楯）

プロジェクトメンバーが手分けして調べてみると、大手企業のリクルートやオムロンなど複数の企業では、全世界の仲間の取り組みを発表する場が持たれていることがわかった。

「そこで、わたしたちのプロジェクトから、『大変革実行委員会』に提案したのです。それが去年（２０２３年）の7月くらいでした。役員の皆さんに賛成していただき、今回のような形で実

施が決まりました」（楯）
ローソンは2030年までに、海外の店舗数を国内と逆転させることを目指している。海外で働く仲間へのブランディング浸透を目指し、海外の店舗で働いている社員やグループ企業からも参加してもらってはどうかという意見が出された。登壇者のリストを見てわかるように、ローソンのインドネシア（アジア・パシフィックカンパニー）や、グループ企業では、ローソン銀行とローソンエンタテインメントから登壇者が招待されている。
ローソン本体からのプレゼンターは、『ローソングループ公式ｎｏｔｅ』で紹介された記事の〝いいね〟の数が多いメンバーとした。
「反省点もありました。各社のトップ4人も舞台に上がってもらいながら、手持ち無沙汰にさせてしまった。全員に登壇してもらう必要があったのかとか。もう少し人数を絞ったほうがよかったのかなど、次の年の課題ですね」（楯）

イベントは盛況で大成功だった。豊洲のイベント会場から自宅に戻って、わたしはすぐに楯さんにメールを送った。竹増社長が手持ち無沙汰に見えたことを、イベントを企画した楯さんが心配しているのではと思ったからだった。竹増社長は、壇上ではあまり喋る場面がなく、最後にごく簡単にひと言だけ、社員を激励して話を終えていた。

チャレンジフォーラムは、若手社員の活躍を自らが発表する場である。竹増さんやグループ会社のトップが前に出てきて時間を占有するのではなく、若い人たちにチャレンジの発表の場を与えることができた。わたしは、むしろそれが良かったのだと感じた。

Challenger's Forum（テーマと発表者、所属と職位）

ローソングループ社員９名に、ご登壇いただきます。

選出基準：ローソングループ公式 note で、記事掲載 1カ月間で「いいね数」が多い方。但し、グループブランディングプロジェクトに参画のグループ会社 * は 1 名参加の枠を設けました。
*）中国カンパニー、アジア・パシフィックカンパニー、ローソンエンタテインメント、ローソンストア 100、ローソン銀行

【登壇者リスト】

	会社名	部署	職位	名前
1	ローソン	インキュベーションカンパニー ラストワンマイル推進部	店担当	多川隆信
2	ローソン	インキュベーションカンパニー	マネジャー	只野ひとみ
3	ローソン	中国カンパニー 成都ローソン	副総経理	佐々木洋武
4	ローソンストア100	LS東日本営業本部	副本部長	林弘昭
5	ローソン	SDGs推進室	アシスタントマネジャー	合田早紀
6	ローソンエンタテインメント	エンタメコンテンツグループ エンタメライツ営業部	副部長	喜多裕江
7	ローソン銀行	商品サービス部	マネジャー	東川友紀
8	ローソン	北海道カンパニー 北海道開発部	リクルートフィールド カウンセラー	坪井佑樹
9	ローソン	アジア・パシフィックカンパニー インドネシア	アシスタントマネジャー	佐藤琢弥

楯さんに託して竹増さんに宛てたメールを、ここでそのまま紹介してみたい。

竹増さん
「ブランディングイベント」、ご苦労さまでした。

午前中の中期経営計画（2時間）の説明会に続いて、長時間の登壇、お疲れさまでした。

ユナイテッド・シネマの観客席から傍聴していた感想を、簡単なメモにして送らせていただきます。

本日のイベントは大成功だったと思います。とくに若手の社員が、チャレンジングなプロジェクトに取り組んでいる姿が、社内共有できた効果が大きいと思います。

ローソングループで、会社横断的に様々なプロジェクトが動いていること、しかもきちんと成果をあげていることが、社員にとっては大いに励みになったと思います。また、竹増さんはじめ、経営陣が若手社員のチャレンジを後押ししていることが、傍聴していた社員に伝わったと思います。

直近の決算発表で、ローソンの業績が大きく上向いていることが一般にも知られるようになっています。株価も高騰しています！　本日のイベントで、若手のチャレンジが成果をあげていることが、明らかになりました。それが社員の仕事に対する「自信」に繋がり、会社の雰囲気が、前向きに変わっていくことになると思います。

ぶら下がりの場で、竹増さんが記者さんたちの質問に対して、いつもより丁寧に答えていたのが印象的でした。横で聞いていたわたしは、次のような感想を持ちました。

①これまでとはすこし違って、竹増さんの話し方と内容が、「自信と確信」に裏打ちされた対応だったこと、②それとは対照的に、イベントの舞台上では、祭事の「主人公」を若手やグループ会社のトップに譲って、ご自身は発言を控えられ、社員主導になるシナリオを準備していたように見受けました。
以上、その他、細かな気づきもあったのですが、それは、次回、「ローソン本」のインタビューで、お伝えしたいと思います。社長就任から7年になりますでしょうか？　ローソンという組織が、ようやく竹増さんの「手のひら」の上に乗ってきたように見えます。

小川より

ハッピー・ローソン・プロジェクト！


ところで、楯さんたちのチームが企画した「チャレンジャーズフォーラム」の前に、ローソンとして初めて挑戦したプロモーション・キャンペーンがあった。２０２２年6月からスタートした「ハッピー・ローソン・プロジェクト！」（略して、「ハピろー！」）のキャンペーンである。「ハピろー！」は、マーケティング本部が推進するキャンペーンである。ここ2年間、年に数十億円の広告予算を投じている。この規模のマーケティング投資は、ローソン創業以来で初めてのキャンペーンだった。そばで竹増社長の行動を見ていた楯さんは、どのように竹増さんが考えて、一大キャンペーンにたどり着いたのかを、わたしに説明してくれた。

「竹増社長は、『大変革実行委員会』でまず組織の内部を変えること。その準備が整ったところで、『ハピろー！』のような外向けの情報発信で、お客様から見たブランドのイメージを変えて

いくことを考えていました。絶対に失敗ができないキャンペーンだったのですが、『ハピろー！』は成果を出しています」（楯）
ローソンとしては、テレビでスポット広告を大量に投下するのも初めてだった。新店長に松山ケンイチ氏を、お客様に川栄李奈《りな》氏を起用して大々的なキャンペーンを展開した。その結果、2022年度と2023年度の決算を比較すると、日販が4・5％上昇している。そのうち、「ハピろー！」キャンペーン（その他の各種施策などを含む）の貢献分が、約70％の3・3％だったと試算されている。数字の上でも、キャンペーンの成功が確認できている。[注69]

ブランディングプロジェクトのリーダーである楯さんは、竹増社長からの指名で、「創業50周年記念事業」の企画責任者の仕事を任されている。広報部長やブランディングの仕事と並行して、周年事業も兼務となった。竹増さんが楯さんに周年事業を任せたのは、50周年記念事業がローソンのブランディングそのものだと考えたからだろう。
企画段階にある50周年記念事業であり、不確定部分もあるのだが、事業概要について楯さんに伺ってみることにした。
「柱のひとつは、周年キャンペーンですね。例えば、50周年を記念して、メーカーさんとのコラボ商品などを発売することを検討しています。また次の50年に向けた社会的な発信もしていきます」（楯）
2025年6月には、2024年に多くの消費者に支持された「盛りすぎチャレンジ」のようなキャンペーンを、創業祭として継続することが決まっている。その他に正式に決まっている行事としては、大阪・関西万博への出店がある。
「周年事業として万博会場にカフェ店舗とコンビニ店舗を出店します。コンビニ店舗では多言語対応が可能なアバターの導入、カフェ店舗では〝スイーツのローソン〟として楽しさや美味しさを追求したオリジナルソフトクリームなどを発売する予定です。例えば、大阪万博の店長や応援メンバーも、ローソン社内から募集して盛り上げていこうとか」（楯）
わたしが個人的に興味を引いたのは、京都府が所有しているキャンプ場併設の「府民の森ひよし」のネーミングライツ（命名権）を取得したことである。府民の森を「ハピろー！の森 京都」と命名して、そこでイベントなどを開催することが予定されている。[注70]

最後の株主総会で

最後に、２０２４年7月に開催された株主総会で起こったエピソードを紹介して、本書を終えることにしたい。今回の株主総会以降は、株主が三菱商事とＫＤＤＩの2社だけになる。ローソンとしては、今後は少数株主がひとりもいなくなる。
事業報告の説明が終わって、株主総会で質疑応答の時間になった。株主が何人か、質問のために立ってマイクを握ったが、その中でひとりの年配の女性が、竹増社長に質問する場面があった。
［株主さんからの質問と要望］
今後の店舗戦略についてお尋ねしたい。

遺産としてローソンの株をもらいました。なぜ遺産としてローソンの株を持っていたのかわからなかったのですが、その人の思い入れのある土地に行ってみてわかったことがありました。その場所には、お店としてローソンしかない。その他には、JAの直売所しかなかったのです。（ローソンは）本当にマチのインフラとなっている。

そういうところについて、ローソンの店を残しておいていただきたいという要望です。

［竹増社長の返答］

22年度はコロナの影響で出店が鈍り、全体店舗数としては純減となりました。23年度は出店を強化して、ようやく純増になるまでペースを戻してきました。今後もトータルの店舗数はしっかりと純増ペースを守って、出店を積極的に行って参ります。

地域にある店舗がインフラであるという存在意義は、まさにその通りです。昨今人口が減りつつある地方において、中小のスーパーさんが少しずつクローズになっている事例も多くあります。我々は、そういったところに改めてローソンとして出店させていただきまして、買い物にお困りの方々に対して、その地域の需要を支えていくという事例が増えています。

例えば、北海道や鳥取など、買い物にお困りの方々のために、しっかりとそこで成り立つようなコンビニを一つひとつ積み上げている事例も多くなっています。株主様におっしゃっていただいたように、これからもコンビニの存在意義を考えて出店を積み上げていきたい。ぜひご注目いただければと思います。

少子高齢化、少子超高齢化となっている地方においては、どんどん人口も減り、高齢化だけが進んでいます。そうした地方が日本にはたくさん出てきます。実は私どもも同じような課題を持っています。今までと同じ商売をやっていては、経済的に店舗が維持できない。そういうふうな環境にもなってきています。

今回のKDDIや三菱商事と3社の取り組みで、今までの商売にプラスして色んなサービスを展開することで、小さな町であっても生活を全部背負っていくぐらいの気合で、お店をやっていくことができないかと考えております。

例えば、KDDIさんは、色んなテクノロジーをお持ちです。ドローンを使って宅配をする、自動ロボを使って宅配をしていく。あるいは、リモートでお薬を販売してお届けをさせていただく。商品からサービスですべてが繋がっていくような小さな町が作れれば、今までと違ったビジネスが展開できるようになる。

ひとつのお店をしっかりと構えて、経済的にも維持・発展していくことができます。そのように考えて、先般4月の決算の時に申し上げた「ハッピーローソン・タウン」で、こういった町を全国に作れないか。そのことを、KDDIや三菱商事に賛同いただいています。

日本の社会が抱える課題について、われわれのマチを幸せにするという企業理念を持つ企業として、正面からしっかり向き合い、課題解決にチャレンジをしていきたいと考えています。

来年にはローソンが50周年を迎えます。また次の50年に歩みださなければいけません。そういう時に、今までと違った街への貢献の仕方をしっかりと考えて実行していきたいと思っております。ぜひ今後のローソンのあり方、今後の日本が抱える、あるいは世界が抱える課題への挑み方、そういったことにもぜひ注目していただきたいと思います。

最後の答弁が終わって、会場は静かな沈黙の中で、何とも言えない優しい雰囲気に包まれていた。２０００年の株式公開から25年間、ダイエー傘下から三菱商事にかわってさらに25年間が経過しようとしている。今、非公開企業となったローソンは、次の50年に向けて新しいステージに移行している。ローソンの挑戦と革新は、この先もさらに続いていく。

付録　「ローソンがセブン‐イレブンを超える日」注71

『新潮45』２０１７年新春号（２０１６年12月18日発行）より再録
文・法政大学経営大学院教授小川孔輔

コンビニが日本に上陸してから40年。業界トップをひた走るのがセブン‐イレブンだ。だが、今後の戦略次第では、勢力図に異変が起きるかもしれない。

■コンビニとは何だったのか

１９７４年5月15日、東京都江東区豊洲にセブン‐イレブンの1号店がオープンした。

この記念すべき年に、わたしは大学院に進学した。いまでも鮮明に覚えていることがある。研究室はアカデミックな雰囲気に包まれており、同期生は誰一人として、豊洲にできたばかりのセブン‐イレブンの1号店を見にいこうとしなかったことだ。「コンビニエンスストアは将来、日本でも大きなビジネスになるかもしれないですよ」というわたしの主張に、先輩の院生たちは、「アメリカから渡ってきたあんな中途半端な〝万屋《よろずや》〟、日本じゃ流行るわけないよ」とにべもなかった。

ところが、いまでは年間約１６７億人が利用する店舗として、コンビニエンスストア（コンビニ）は日本人の生活にすっかり根付いた感がある。２００８年に売上高で百貨店を抜き、小売業では食品スーパーに次ぐ2番目の業態に成長した。その一方で、何度か「コンビニ飽和説」（たとえば「5万店飽和説」）がささやかれてきた。現実はどうかと言えば、２０１４年には5万店を達成。各社の強気な出店計画が実現すれば、数年以内に6万店の到達は確実であろう。その先、国内10万店もあり得ない話ではない。

本稿では、身近になったコンビニが変わりつつある中で、その裏舞台では何が起こっているのか、今後はどのような方向に向かっていくのかを検証してみたい。これまで、わたしたち経営学者は、コンビニビジネスの革新的な側面にばかり着目してきた。主役は、コンビニを運営する本部だった。しかし、現場では、加盟店のオーナー店主やアルバイト従業員など多くのひとが働いている。ここでは、従来は脇役として扱われてきたコンビニ店主の生活経済的な側面なども交えて、客観的なデータでコンビニの実像を示してみたい。

幾度かの踊り場を乗り越えたコンビニの成長は、いくつかの偶然と、経営を日々革新してきた企業家たちの努力のたまものである。とりわけ、業界リーダーのセブン‐イレブン・ジャパンと、先ごろ後継者をめぐる内紛により第一線から退くことになった創業者・鈴木敏文氏の果たしてきた役割が大きかった。同社のイノベーションの核は、米国で生まれたＦＣ（フランチャイズ）システムを日本の事情に合わせて変革し、次々に新サービスを付加していった点にある。メーカーとの協業、物流改革、情報システムの進化、セブン銀行の誕生や各種サービスの導入等は、世界の小売業の歴史に燦然と輝く鈴木敏文氏の功績である。

ところが、コンビニ各社は、このところセブン‐イレブンとは異なるサービス革新とマーケティング手法を模索している。経営規模で二位につけているローソンとファミリーマートが差別化に走るのは、継続的なシステムの革新と基礎体力に勝るセブン-イレブンとの同質化競争を避けるためである。ファミリーマートは、親しみやすいブランドづくりと海外事業展開に活路を見出している。実際に、日本とは違って、台湾や上海（中国）では、現地のファミリーマートがセブン-イレブンをビジネスで圧倒している。ローソンは、後述するように、農業分野への参入（ローソンファーム）とマルチフォーマット展開（成城石井やナチュラルローソン）に活路を見出そうとしている。それ以外にも、先端的プロモーション手法の開発による集客で特色を打ち出している。

ところで、小売業の発展プロセスという視点から俯瞰すると、コンビニは総合スーパーの新事業として花開いた新しい業態だったと解釈できる。イトーヨーカ堂がセブン-イレブンを、ダイエーがローソンを、西友がファミリーマートを、旧ジャスコがミニストップを、ユニーがサークルKを生み出した。これまでは、基本的に大手流通グループの傘下にあったが、ファミリーマートとサークルKが伊藤忠商事傘下でブランドが統合され、ローソンが三菱商事の子会社になるに及んで、近年は大手商社の影響力が強くなってきている。ローソンの社長には弱冠46歳の竹増貞信氏（三菱商事出身）が抜擢され、ファミリーマートの新社長には澤田貴司氏（伊藤忠商事出身）がスカウトされた。若手経営者に世代交代が進み、業界としても大きな転機を迎えつつある。

■誰がコンビニを支えてきたのか

わが国の戦後商業史は、モータリゼーションの進展とともにチェーンストアが商店街から客を奪っていった歴史である。個人商店が郊外のロードサイド店に置き換わっていく中で、商店街に残った「近くて便利」のニーズを、〝5分間のワンストップショッピング〟で効率よく置き換えたのがコンビニである。したがって、セブン‐イレブンに典型的にみられるように、初期のFCオーナーたち（Aタイプ＝土地・建物所有者）は酒屋や米屋など個人商店からの転業組だった。
データを見てみよう。バブルが崩壊する直前の1990年、全国の小売商店数は約160万店。それが2015年には100万店を切った。約60万店の小売店が25年間で消えてしまった計算になる。それに対して、当時は約2・7兆円だったコンビニの売上高はいまや10・2兆円を超えている。バブル崩壊以降、小売業全体の販売額はほとんど伸びていないから、コンビニが7・5兆円を積み上げた分と60万店の零細な個人商店の消滅の間には、何らかの因果関係があると推察できる。[注72]
近年は、コンビニがファストフード店やカフェから顧客を奪っているという議論もある。しかし、それはごく最近のことで、コンビニ成長の源泉はそこにあるわけではない。コンビニ1店舗の平均年商は約2億円（10・2兆円／5・4万店）。個人商店の年商は約1700万円。消えた個人商店60万店は売上で約10兆円に相当する。ごく粗い推計になるが、その4分の3（7・5兆円）をコンビニが吸収したということになる。
働き手という観点からこれを眺めてみよう。誰がコンビニを支えているのだろうか。標準的な30坪のコンビニでは、約20人のアルバイト店員が働いている。その半数は一年以内に離職すると言われているが、日本全体ではコンビニが約110万人（5・4万店×20人）の雇用を生み出していることになる。これは、消えてしまった60万店が提供していた雇用（120万人＝60万店×2人）に匹敵する大きさである。しかし、2016年度の芥川賞受賞作品『コンビニ人間』（村田沙耶香著）で見事に描かれているように、コンビニは非正規雇用者が働く代表的な職場にもなっている点を見落としてはならない。現実は、個人商店主（夫婦２人）が、その10倍の数のアルバイト店員に置き換わったのである。[注73]
ところで、コンビニの運営では、直営店はほんの一握りでFCが基本である。FC加盟店の店主は、FC本部とは独立したオーナーである。かつての個人商店主と同じ立場で、経営的には「起業家的フランチャイジー」ということになる。しかし、経営の実態はそれとは大いに異なっている。
例えば、セブン-イレブンのオーナー募集のやり方に見られるように、加盟店の応募条件には、本人以外に配偶者（あるいは兄弟など）が存在していることが明記されている。「あいててよかった！」（創業期のセブン-イレブンのCM）を実現するために、24時間365日、夫婦で働けることが条件である。正月や繁忙期にアルバイトのシフトが組めないときや、急にアルバイトが出勤できなくなった場合、夫婦のどちらかがその穴埋めをしなければならないからである。
『コンビニ店長の残酷日記』（三宮貞雄著）の冒頭部分は、つぎのような書き出しで始まっている。[注74]
「私は現在、ある中核都市の郊外店でコンビニ店長（オーナー）として、一日に平均12時間以上は働いている。（中略）24時間、365日営業。雪が降ろうが、嵐が来ようが店は必ず開ける。というより、閉めることは一時もない」

■コンビニオーナーたちは苦悩する

それでは、365日休みなく、一日12時間以上は働いている店長（オーナー）の報酬はどの程度になるのだろうか。コンビニのビジネスでは、売上高の約30％を占める粗利益を本部と加盟店が契約にしたがって分配する。チェーンによって収益力や加盟店と間の力関係が異なるので、粗利益の配分方式は異なる。それでも、本部55％、加盟店45％で利益を配分するのが典型的なケースである（土地・建物を本部が準備するCタイプ）。その場合は、FC加盟店の標準的な取り分は、年間２５５０万円（10・２兆円×０・３×０・45÷５・４万店）になる。ここから、アルバイトの人件費や光熱費、廃棄ロスなどを差し引いたのが、加盟店オーナーの収入になる。かつての個人商店主の稼ぎ（約１７７０万円）とそれほど変わらない手取りになるのである。むしろ重労働の分だけ、コンビニオーナーは割にあわない仕事なのかもしれない。

それに対して、コンビニ上位３社の年間営業利益を合計すると、３４２０億円になる（図表1）。本部と加盟店の間で、契約や廃棄ロスをめぐって裁判や紛争が絶えないのは、この辺の事情から来ていると思われる。コンビニのビジネスは、チェーン本部が極めてもうかる収益構造になっているが、独立経営者である加盟店オーナーの方はといえば、手取り年収１０００万円を超える店主は10％〜20％とも言われている。働き方だけを見ていると、近年メディアを賑わせているブラック企業の就業状態よりさらに過酷な実態が見えてくる。

もちろんコンビニ各社は、オーナー店主の事業リスクを減らす努力もしている。本部と加盟店の収益配分について、本部は加盟店の生活を守るために最低保証制度を設けている。たとえば、セブン－イレブンは年間１９００万円を、ファミリーマートは２０００万円を加盟店の収益として保証している。最も金額的に手厚いと言われるローソンの加盟店では、売上が達成できない場合でも、年間２２００万円が保証されている。

図表1　コンビニ上位3社の業績と加盟店の経営

2016年2月期（単体）		単位	セブン-イレブン	ローソン＊1	ファミリーマート
チェーン全体売上		10億円	4,291	1,960	2,006
本部	営業総収入	10億円	794	334	428
本部	営業利益	10億円	235	55	52
本部	売上高営業利益率	%	29.6	16.5	12.1
本部	期末店舗数	店	18,572	11,880	10,834
加盟店	店舗当たり売上（／年）	億円	2.31	1.65	1.85
加盟店	平均日販	万円	65.6	54.0	51.6
加盟店	契約更新率＊2	%	94.2	79.2	72.7

＊1　ローソンのチェーン全体売上高には、連結対象となっている関連会社コンビニ3社の売上高（820億円）とチケットなどの販売金額（3170億円）が含まれていない。両方（2.359兆円）を含むと、店舗当たりの売上高は年間1.99億円になる。
＊2　日本フランチャイズチェーン協会

とはいえ、コンビニオーナーたちの苦悩はさらに続く。新規出店から15年（セブン-イレブンの場合）から10年（ローソンの場合）の後には、再契約の時期を迎えるからである。業績がよければそのまま再契約されるが、データを見るとオーナーの約20％については再契約されていない（図表1）。

もっと厳しい現実は、出店に対して加盟店オーナーがほとんど裁量権を持たないことである。標準より業績が良い店舗立地の周辺には、競合チェーンが進出する可能性がある。競合の出店を阻止したいので、本部は戦略的に自社のシェアを高めることを優先する。ローソンのように、ひとりのオーナーが多店舗を経営するマネジメントオーナー制度を導入している企業もあるが、オーナーとの契約は1オーナー1店舗が基本である。となると、本部がドミナント出店（一定の地域に稠密に店舗を配置すること）を経営方針として掲げるかぎり、FCオーナーは既存店の売上を維持することがむずかしくなる。

■セブン‐イレブンの評価の理由

図表1を見て明らかなように、コンビニ上位3社の中で、セブン‐イレブンが業績的には抜きん出ている。平均日販は65・6万円で、2位のローソン（同54万円）と2割以上の差が開いている。売上高営業利益率（29・6％）でも、ローソン（16・5％）とファミリーマート（12・1％）は全く太刀打ちができていない。小売業の中ではもちろんのこと、セブン‐イレブンの収益性は他業界のトップ企業に比べてもトップクラスである。

それでは、店舗の利用者の評価についても、セブン‐イレブンはダントツなのだろうか？　それが、消費者の評価では必ずしもそうとも言い切れないところがある。

図表2は、コンビニ3社のＣＳ（顧客満足、100点満点）を比較したグラフである。2009年から2016年にかけてデータ推移をみると、一度はセブン‐イレブンがローソンを大きく引き離しかけていたＣＳが、今年の調査ではその差が1・8ポイント差に接近してきている（セブン‐イレブン70・2点：ローソン68・4点）。セブン‐イレブンは、店舗への再来店率が高く、来店客の客単価も競合2社に比べてかなり高い。その結果、平均日販では競合2社と大きく差が開いているが、利用者のＣＳ評価（店舗ブランドに対する満足度）では、わずか3％（対ローソン）と5％（対ファミリーマート）しか差が開いていないのである。

もうひとつ重大なデータを示すことにする。図表3は、今年度（6月）に実施した調査の「感動指数」と「失望指数」の平均値である。感動指数とは、その店を利用して「びっくりした」

図表2　コンビニエンスストアの顧客満足度CS(上位3社)

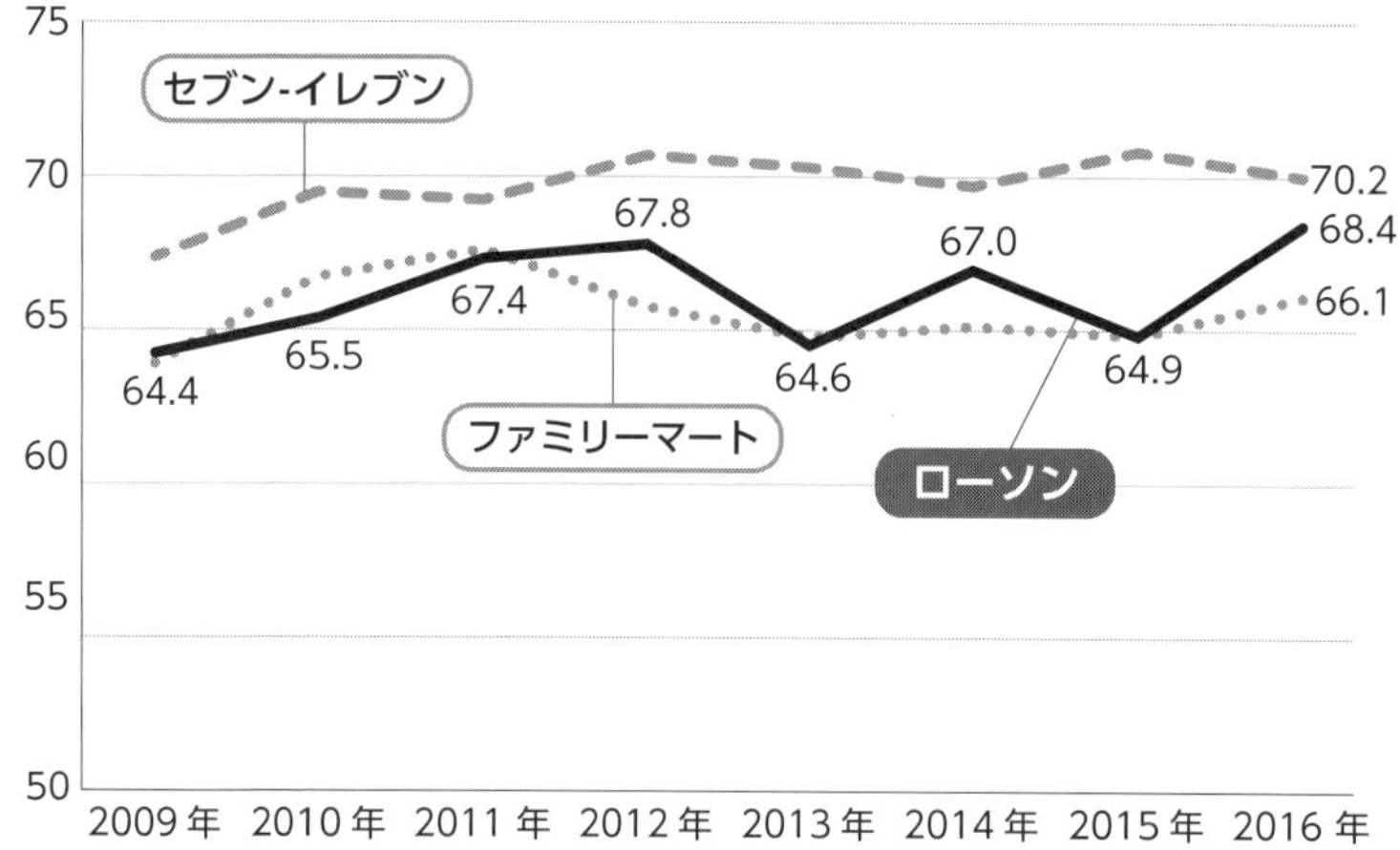

【出所】サービス産業生産性協議会：日本版顧客満足度調査(2009年～2016年)

「うれしい」「楽しい」「興奮した」などの合成指標で、失望指数とは、ブランドの経験に対して「がっかりした」「失望した」などの合成指標である。図表３には、ローソンのサブブランド（業態）であるナチュラルローソンと成城石井についても、同年８月実施した結果（３つの指標）を並置してある。

ナチュラルローソン（１４０店）と成城石井（１２７店）は店舗数が少なく、立地も首都圏に集中している（２０１６年９月末）。また、成城石井は、ローソン傘下ではあるが、プレミアム食品スーパーに分類されているので、セブン-イレブンとの直接的な比較はできないかもしれない。

しかし、店舗での買い物体験を表す２つの指標を見る限りでは、セブン-イレブンがローソンやファミリーマートと比べて、顧客から絶対的に支持されているわけではないことがわかる。また、ローソンに関していえば、ナチュラルローソンと成城石井は、より大きな感動（46・7点、52点）

図表3　5ブランドの感動指数と失望指数(2016年)

	セブン-イレブン	ファミリーマート	ローソン	ナチュラルローソン	成城石井
顧客満足	70.2	66.1	68.4	69.3	72.6
感動指数	41.6	39.2	39.8	46.7	52
失望指数	23.1	23.7	21.8	22.2	16.2

【出所】サービス産業生産性協議会 日本版顧客満足度指数(2016年6月実施)
＊ナチュラルローソンと成城石井に関しては、JCSIと同じパネルを用いて8月に実施

とより小さな失望(22・2点、16・2点)を与えている点でセブン－イレブン(41・6点、23・1点)に勝っている。

JCSI(日本版顧客満足度指数)のデータを扱ってきた経験によれば、感動指数が上昇すると、その1〜2年後には顧客満足度が高まる傾向がある。さらに、CSが上昇した翌年か翌々年あたりに、今度は売上や利益などの業績が好転する場合が頻繁に見られる。それとは逆に、日本マクドナルド(2013年〜2015年)や東京ディズニーリゾート(2014年〜2015年)は、その期間に、感動指数が落ちて顧客満足度が翌年から大幅に下落した。現状では揺るぎないシステムで他社を圧倒しているように見えるセブン－イレブンだが、一般に信じられているほどには、不動の地位がそれほど盤石ではないのかもしれないのである。

■コンビニの未来

2011年の東日本大震災以降、日本社会の中でコンビニの位置づけが変わった。これまでコンビニの成長をドライブして来たものは、「近くて便利」を実現するための事業革新への取り組みだった。だが、全国津々浦々に店舗網が拡大し

たことで、コンビニに期待される役割は便利さだけではなくなってきている。

少子高齢化が進展する中で買い物弱者に対応すること、災害発生時には市民の拠り所となる場所を提供することなど、コンビニには、①社会のインフラとしての機能を果たすことが求められている。さらに、生活に欠かすことができない存在になったコンビニには、つぎの３つの役割が期待されている。②地域社会への貢献と環境への責任、③食の安全と健康を守る役割、④ローカルの農業者や食品加工業者との関係性の構築。

近未来のコンビニの役割を担えるチェーンはどこだろうか？　コンビニ業界の雄で革新性と効率経営に勝っているセブン－イレブンだろうか？　経営統合で売上規模と店舗数でセブン－イレブンに追いつこうとしているファミリーマートだろうか？　誤解を恐れずに言えば、現状の取り組みの中で近未来の理想のコンビニに最も近いのは、ローソンである。その根拠を以下では簡潔に説明してみる。


ローソンの強みは、チェーン内に異なる４つの業態（ローソン、ナチュラルローソン、ローソンストア１００、成城石井）と農業生産部門（ローソンファーム）をもっていることである。

これまで日本の小売業が信奉してきたチェーンストア理論によれば、単一ブランドの標準型店舗をできるだけたくさん作ることがよいとされてきた。しかし、規模の経済を求めて、全国一律の品ぞろえとサービスを提供することは、もはや競争優位をもたらさなくなっている。

「マチの健康ステーション」を標榜するローソンの竹増社長は、雑誌のインタビューで、自社ビジネスのローカル対応について、次のように述べている。

「立地によって店の在り方は変わってきています、本部で店の形を決め、全国同じ店にすることは、ニーズに合わない時代です。われわれは商品の幅を広げることで多様なニーズに対応し、町になくてはならない存在にならなくてはいけません」（『週刊ダイヤモンド』２０１６年10月29日号、69頁）
コンビニに対する批判のひとつに、健康と食の安全への対応がある。たとえば、コンビニで売られている弁当には、賞味期限を長くするために必要以上にたくさんの添加物や保存料が使われている。ナチュラルローソンでは、商品選択に他社よりきびしい健康・安全基準を設けている。具体的には、商品の選定にあたっては、合成着色料を用いないことや不必要な添加物を用いないことを品質管理基準にしている。弁当などにも一日の摂取塩分に上限（３・０ｇ）を設けたり、幕の内が合計６５０㎉未満になるよう設定している。
成城石井の特徴は、国内外から美味しい商品を調達してくる仕組みを持っていることである。成城石井の目利きのバイヤーが仕入れてくる商品の一部は、ナチュラルローソンの店舗にも置かれている。また、ナチュラルローソンブランドの〝グリーンスムージー〟のようなヒット商品は、通常のローソンにも横展開されている。同一チェーン内に複数のブランドを展開していることで、グループ全体にビジネスシナジーが生まれているのである。この事業構造（２番目の強み）は、セブン‐イレブンにもファミリーマートにもない仕組みである。
ローソンの３番目の強みは、全国23箇所に直営農場（ローソンファーム）をもっていることである。２０１０年に農業分野に参入した動機は、①青果物の安定調達、②若い営農家の育成、③計画生産・計画販売の仕組みを構築することだった。基本姿勢は、直営農場や加工センターを丸抱えすることではない。地域の有力農家の子弟が社長を務めるファーム事業に、ローソンとして15％出資することである。ローソンファームをハブにして、近隣農家とのネットワークづくりに邁進するとともに、勉強会を通して栽培技術を農場間で共通化している。２０１５年の実績では、ローソンファームとその近隣農家が供給している農産物は、ローソングループ全物量に占める売上高の約10％になっている。農場で生産された野菜や加工品は、東名阪を中心に展開する「ローソンストア１００」（７９９店舗）などで販売されている。

ローソンの４つ目の特徴は、商品開発部門の女子比率が高いことである。ローソン全体で、女性社員の比率は16・３％である。ところが、商品本部の女子比率は27・１％と2倍弱に高まる。これが女性向け商品の多いナチュラルローソンとなると、一挙に64・３％になる。ここから生まれてきたのが、スーパーフード（一般の食品よりビタミン、ミネラル、クロロフィル、アミノ酸といった栄養素や健康成分を多く含む植物由来の食品）やグリーンスムージー、健康を訴求したＰＢ（プライベート・ブランド）シリーズのナッツ類である。若い女性たちが、健康や美容を意識しているターゲット顧客と共通目線で商品開発に携わっているのである。

■セブンを超える条件

２０１６年1月、玉塚元一会長（当時、社長）が「１０００日全員実行次世代ＣＶＳモデルの構築」という計画を説明する場に立ち会う機会があった。計画の骨子は、①売り場強化（セミオート発注）、②商品力強化（スーパーマーケットの代替機能強化）、③加盟店支援（新ＦＣ契約前倒し）だった。3年間（１０００日）で、ローソンがセブン-イレブンを超えるために、どのような道筋を描くことが必要だろうか。具体的に数値計算をしてみたのが、以下のシナリオである。

単純化のために、ローソンの日販（店舗当たり一日の売上）を55万円、セブンのそれを65万円とする。平均客数では、ローソン823人、セブン986人である。両社には日商で約10万円、来店客数で約160人の開きがある。3年間（156週）でローソンがセブンの日販に追いつくためには？

答えは、一日100円、1週間で700円（セブンの客単価）、ローソンが売上を増やしていけばよいことになる。つまり、一店舗当たり1週間で1人ずつ、ローソンが固定客を増やしていくことが条件になる。あるいは、2週間に1人ずつ（客単価700円）、ローソンがセブンから客を奪えば、3年間でセブンを日販で抜くことが可能になる。ローソンには、それを叶えるために、4つの強みと4つの飛び道具（複数業態）が準備されている。

あとがき

日々急速に変化する企業を追いかけている書き手は、困った問題に直面することになる。会社の今の動きを描いているつもりが、たちまちのうちに情報が古くなってしまうからだ。

２０２１年からの３年間、ローソンの事業の変化はとても激しかった。執筆が再スタートした頃（２０２３年春）、グリーンローソンで実験的に始まった「アバターによる接客」や「省エネへの取り組み」（第3章）は、今は採用店舗数が大幅に増えている。想定より速いスピードで、新しい技術やシステムが全国のローソン店舗に広がっている。

「未完の社会実験」で取り上げた冷凍おにぎり（第10章）は、本書刊行の直前（２０２５年2月）には、導入エリアが都内４００店舗に広がっているはずである。また、「日本最北端の地への進出」で紹介した事例の成功（第2章）がきっかけで、２０２４年12月末に、竹増社長が「２０３０年までには、新店の2割を過疎地への出店とする」と宣言している。

竹増社長の思い描く「未来のコンビニ像」が、着実に世の中に受け入れられ始めている。ローソンのビジネスが、顧客や地域（マチ）から支持を得ている証拠である。この先もローソンの成長は続くことになるだろう。その「なぜ？」について、丁寧に解説を試みたつもりである。

本書の企画のはじまりは、２０１７年の年末だった。

当初の構想では、月刊誌『新潮45』（2017年新春号）に掲載した論考を下敷きに、新浪→玉塚→竹増と続いた3代の社長たちが経営のバトンをどのように継いできたのか？　会社設立後の後半（2002年～2018年）における、ローソンのビジネスの変遷を記録に残しておくことを狙いとしていた。

竹増社長には、そのために法政大学（経営大学院）で、「ローソンが目指すビジネスの未来像」のテーマで講義をしていただいた。2019年の春学期のことである。「第1章」にも書いたように、コロナ禍で、竹増社長のイニシアティブの下、「ローソングループ大変革実行委員会」のプロジェクトがスタートした。

改革の成果が見え始めたタイミングで、わたしは当初の企画を見直すことにした。「地域対応（マチと暮らす）」と「新しいコンビニづくりへの挑戦」の2つの活動を中心に、ドラスティックに変わっていくビジネスのイノベーション・プロセスを描くことにしたいと思ったからだった。2022年に新しいコンセプトを体現する実験店として「グリーンローソン」がオープンした。その翌年の2月に企画の変更を決断した。北大塚の店舗を視察した後の感想を踏まえて、竹増社長に企画書を提出することにした。


〈新しい企画の骨子〉
①基本コンセプト
「3人の歴代社長のリレー経営」に変えて、竹増社長の「新しいコンビニ作りへの挑戦」に企画を変更する。それまでの取り組みの成果は、今に繋がる形で取り上げることにする。

②取り上げる人物や事業
書籍のコンテンツとしては、新しい事業のコンセプトや技術開発への挑戦、社内人材の活躍、外部組織との連携などを取り上げる。
③グリーンローソン＋α
グリーンローソンでの取り組みを起点として、ビジネス革新を語ることにする。

ただし、社内に「チャレンジネタ」が複数ある場合は、継続してそちらも取材を進める。


わたしからの再提案は、大きなモデルチェンジになる。読者にとって素材がフレッシュで、ローソンの独自性を前面に押し出せる書籍になるようにと考えた。

広報からのリリースだけでは、仕組みや商品・サービスが提示できても、①なぜその取り組みが始まったのか、②商品やサービスを通して世の中のためにローソンが何を実現しようとしているのか？　変革の意味や新規の事業がもたらす社会的な貢献については、一般社会やコンビニの利用者に向けて、明確に伝わっていないように思えた。

再提案後の2023年1月に、インタビューが再スタートした。執筆開始は、2024年6月中旬。それから半年後の11月上旬に、ラフなドラフトが完成した。250ページを目安に書き始めた原稿は、この時点で320ページに膨らんでしまった。

この間、ローソンの社員や加盟店のオーナーさんに、店舗視察やインタビューで協力をいただくことになった。取材に協力していただいた方のお名前をすべて、文中で紹介することはできなかったが、皆さんからの情報や気づきは、何らかの形で書籍に活かすことができたと考えている。

この場を借りて、感謝の気持ちをお伝えしたい。

本書が完成するまで、長い期間にわたって取材を続けることになった。執筆準備の段階から、とくに3人の方には多くの時間を割いていただいた。現・常勤監査役（元専務取締役、広報部・社長室長）の宮﨑純さん、常務執行役員で広報部長（50周年記念事業リーダー）の楯美和子さん、広報部シニアマネジャーの杉原弥生さんの「広報チーム」である。北海道や京都、愛媛や沖縄などの店舗視察やインタビューで、3人の方には何度も取材に同行していただいている。

加盟店のオーナーさんたちにも大いに助けられた。とくに本文中に登場する2人の前田オーナー（明さんと宏さん）、初代福祉会理事長の余田利通オーナー、静岡の石塚直美オーナーの店舗には、何度も足を運んでインタビューをさせていただいた。

余談になるが、同年齢で走力がほぼ同じということもあって、余田オーナーとは7年間で3つのマラソンレースを一緒に走っていただいた。楽しい思い出には、その先があった。余田さんが加盟店オーナーさんにお声がけをして、「ローソン健康マラソン会」が発足することになったからだ。発足時のメンバーは12人で、わたしは顧問に就任することになっているらしい。

PHP研究所の三宅晃生さんとアートディレクターの大内おさむさん、そして翻訳家の林麻矢さんにも感謝したい。

三宅さんには、編集上の支援だけでなく、タイトルをどうするかで相談させていただいた。結果的に、書名は社名の『ローソン』に落ち着くことになった。当初は、『新潮45』の論考のタイトル「ローソンがセブン‐イレブンを超える日」も選択肢のひとつだったが、シンプルな書名になったことは、それはそれでよかったのだと思っている。

林麻矢さんとは、これまで3冊の翻訳書を出版してきた。今回は、『青いりんごの物語　ロック・フィールドのサラダ革命』（PHP研究所、2022年）に続いて、ローソンの社員さんやオーナーさんたちのインタビュー記録を整理していただいた。今や麻矢さんは、書籍づくりに欠かせない大事な相棒である。

アートディレクターの大内さんには、『しまむらとヤオコー』（小学館、2011年）など、これまでに3冊の本の装丁をお願いしている。今回も執筆を始める前から、迷うことなく大内さんに装丁を依頼することに決めていた。今回も素敵なデザインに仕上がったと思っている。

本書は、わたしの54冊目の書籍である。本書はその中でも、出版に至るまで紆余曲折が最も激しかった本のひとつである。コロナ禍で業績が悪化した時、ローソンがもはや復活できないのではないかと思ったことがあった。しかし、竹増改革でローソンは見事にV字回復を果たした。

ホッとしたのも束の間、もう一度、出版が頓挫してしまうのではないかと思った瞬間があった。2024年2月6日、「KDDIによるローソン株のTOB」が発表された日である。経営主体がローソンから離れて、KDDIと三菱商事からの出向人材に代わるのではないか？　ローソンの社員やオーナーさんたちのインタビューで構成した原稿が、経営組織の変更で無駄になってしまうのではないかと危惧したからだった。

幸いにもＴＯＢの成立後も、ローソンの業績は好調に推移している。出版プロジェクトが中断することもなく、校正作業は順調に進んでいる。今は発刊を楽しみに、ローソンの社員やオーナーの皆さん、そして広く一般読者に本書を読んでいただけることを心待ちにしている。

２０２５年2月吉日

小川孔輔

【注釈】

［プロローグ］

1 「降格人事」と言われた社長交代劇については、杉本貴司（2024）「ユニクロ柳井正『一緒に降格してくれ』 後継者・玉塚元一、退任の真相」『ユニクロ物語』（日経BOOKPLUS）（6月10日号）に詳しい。オリジナルは、杉本貴司（2024）『ユニクロ』日本経済新聞出版
2 小川孔輔（2015）『マクドナルド 失敗の本質：賞味期限切れのビジネスモデル』東洋経済新報社
3 小川孔輔（2016）「ローソンがセブン-イレブンを超える日」『新潮45』2017年新春号（新潮社）

［第1章］

4 竹増貞信（2024）「コンビニ百里の道をゆく リアルとテックをつなげる 未来の『ローソン・タウン構想』」『AERA dot.』（5月6日）
5 田中陽（2024）「ローソン、歴史を繰り返すな 既視感のあるKDDI会見」『日本経済新聞』（2月10日号）
6 小川孔輔「【自説】KDDIによるローソンのTOB、三菱商事との共同経営のその先を考えてみる。」2024年2月28日（https:/kosuke-ogawa.com/?p=12550）
7 宮崎健（2024）「三菱商事、日本KFCの全株式を米ファンドへ売却 半世紀の経営に幕」『朝日新聞デジタル』（5月20日）
8 原欣宏、篠原英樹（2024）「セブン1強、テックで崩せ KDDI参画の新コンビニ勢力図」『日経MJ』（6月23日号）
9 恩蔵直人（1997）『製品開発の戦略論理』文一総合出版

10　梅澤伸嘉（2001）『長期ナンバーワン商品の法則』（ダイヤモンド社）の実証研究では、MIP（マーケットを根本から革新した新製品）では、20年後でも約80％の確率で、二番手にシェアを逆転されることがない。
11　小川孔輔・並木雄二（1998）「進化するコンビニ・システム」嶋口充輝・竹内弘高・片平秀貴・石井淳蔵編著『マーケティング革新の時代：第4巻　営業・流通革新』有斐閣
12　日本経済新聞で連載された「私の履歴書」をまとめた本、鈴木敏文（2014）『挑戦 我がロマン：私の履歴書』（日本経済新聞出版）をはじめとして、全部で52冊の著書がある。ネットで検索できる以外に、もっと多く書籍がある可能性もある。日本の経営者としては最多だと思われる。
13　田中陽（2012）『セブン-イレブン　終わりなき革新』（日経ビジネス人文庫）、田中陽（2006）『セブン-イレブン　覇者の奥義』（日本経済新聞出版）など
14　例えば、矢作敏行（1994）『コンビニエンス・ストア・システムの革新性』（日本経済新聞出版）、金顕哲（2001）『コンビニエンス・ストア業態の革新』（有斐閣）
15　柳井正（2015）『経営者になるためのノート』PHP研究所、66頁
16　冨永望（2023）「セブン、そごう・西武売却完了でも残る後味の悪さ」『東洋経済オンライン』（9月4日配信）
17　「イトーヨーカドー／2025年度までに33店閉店、93店舗体制に」『流通ニュース』（2023年10月12日）
18　「アダストリアによる企画開発、生産した商品ブランド『FOUND GOOD』本格展開スタート」（2024年4月24日）「イトーヨーカドー（ニュースリリース）」

［第2章］

19　「最北端で待っている人たちのために――チーム一丸となって挑んだ稚内出店物語」『ローソングループ公式note』（2024年1月8日）
20　「HOKKAIDO WOOD BUILDING」とは、北海道において道産木材を使用した建築物を登録し、施設内へ

の木製の登録証掲示などを通じ、道民に道産木材製品の魅力発信や認知度向上を図るとともに、建築物の木造化、木質化を推進することで道産木材の利用拡大に資することを目的とする制度（出典：https://www.pref.hokkaido.lg.jp/sr/rrm/02_riyousuisin/hwb.html）。
21　ＭＯ（マネジメントオーナー）とは、地域に密着した多店舗経営を行い、本部と共に成長を目指す事業経営者。本部とより強いパートナーシップを持つ、ローソン公式認定オーナー。
22　セコマ（通称）：「セイコーマート」は、北海道札幌市に本社を置くコンビニエンスストアチェーン。日本に現存する最も古いコンビニエンスストアチェーン。店舗数は１１９１店（２０２４年11月末）。
23　「セコマ、顧客満足度９年連続１位　民間調査のコンビニ部門」『日本経済新聞』（２０２４年７月30日）
24　「最北端で待っている人たちのために――チーム一丸となって挑んだ稚内出店物語」『ローソングループ公式ｎｏｔｅ』（２０２４年１月８日）

［第３章］

25　「未来型店舗『グリーンローソン』誕生ストーリー。何度も折れそうになったプロジェクトリーダーの心を支えていた３つの思いとは」『ローソングループ公式ｎｏｔｅ』（２０２３年３月15日）
26　ローソンのニュースリリース２０２２年11月28日（https://www.lawson.co.jp/company/news/detail/1462039_2504.html）
27　竹増貞信（２０１８）「ローソンが考える２０２５年のコンビニとは」（CEATEC JAPAN 2018 基調講演、10月16日）
28　１９９３年の夏頃、冷蔵ケースから扉を外したのは、商品を取り出しやすくするための工夫だった。発案者は、セブン‐イレブンの創業者、鈴木敏文氏（当時社長）だった。田中陽（２０１２）『セブン‐イレブン終わりなき革新』日経ビジネス人文庫、２１４、２１５頁

［第4章］
29　「第17回：『まずはやってみる』女性初のカンパニープレジデントが仲間とともに北の大地で取り組む大いなる挑戦」『ローソングループ公式ｎｏｔｅ』（2024年4月16日）を編集。
30　安平尚史（2012）「リスク要因の切り分けと資源の確保　日本中から油をかき集めろ」株式会社ローソン編『東日本大震災対応記録　それぞれの3・11』、8、9頁
31　前掲記事『ローソングループ公式ｎｏｔｅ』（2024年4月16日）を再編集。

［第5章］
32　竹増貞信（2018）「コンビニ百里の道をゆく　金農　パンケーキが大反響　続けたい高校生とのコラボ」『AERA dot.』（9月10日）
33　「岩手県のコンビニエンスストア初の『木づかい宣言』登録店舗グランドオープン」株式会社ローソン（本社：東京都品川区、代表取締役社長：竹増貞信、以下「ローソン」）は、2023年6月27日（火）に、岩手県のコンビニエンスストアとして初めて、「木づかい宣言」事業者として岩手県に登録された「ローソン久慈川貫店」をグランドオープンいたします。今回グランドオープンする店舗には、軒下格子材及び一部外壁下地材に久慈市産木材、外壁・内壁材に岩手県産木材を使用しています。今後も、岩手県産木材を使用した店舗をオープンする予定です（2023年6月20日ニュースリリースより）。

［第6章］
34　五十君花実（2019）「『無印良品』のファミリーマートでの販売終了はファミマ側の意向」『ＷＷＤ』（1月30日）（https://www.wwdjapan.com/articles/785282）。この記事によると、良品計画の2019年2月期の中間決算で国内事業が増収減益だった。減益の主因は、ファミリーマートへの商品供給が同46・2％減と減少したからだった。2018年8月まで2～3台のゴンドラ什器で販売していたのが、9月からは什器1台にな

っていた。
35 ローソンの無印ブランド導入に関して助言を求めた藍野弘一さん（元ファミリーマート社員）によると、「ファミリーマートでも、無印の商品を扱う際は、棚のストッパーをMUJIの色に変える等、世界観を守る点は意識していた」という。
36 流通産業研究所編（1981）『ショッピングセンター：立地とマーチャンダイジングのモデル分析』リブロポート
37 2024年7月11日に、わたしたちがLINEでやり取りした会話を、藍野さんから許可を得て再編集した内容である。
38 小川孔輔（2011）『ブランド戦略の実際（第二版）』（日経文庫）を参照（55頁）。「ブランド提携戦略」は、「ブランド活用コンパス」のうち、「ブランド結束戦略」（Brand Bridging）に類型化できる。
39 五十君花実（2019）、前掲記事を参照のこと。

［第7章］

40 本章は、拙稿「ローソンファーム千葉（上）：農業参入への新しいアプローチ（農業FC経営）」『食品商業』2019年9月号と、「ローソンファーム千葉（下）：農産品の加工と未来への投資」『食品商業』2019年10月号を元に、その後の展開を篠塚社長に再度インタビューして加筆修正した。
41 ローソンファーム千葉による焼き芋の販売については、ローソンストア100のHPを参照のこと。
42 イベントの様子は、以下のホームページで紹介されている（https://farvest.jp/）。
43 過去の映像は、YouTube（https://www.youtube.com/watch?v=WX9uyvbMqOk）で見ることができる。
44 次の記事を参照のこと（https://www.lawson.co.jp/lab/tsuushin/art/1472070_4659.html）。

［第8章］

45　吉岡秀子（2014）『プロ経営者　新浪剛史：ローソン再生、そしてサントリーへ』朝日新聞出版、256頁。「ローソンのビジネス・パートナー」で、MO制度をスタートした時の意図が紹介されている。
46　「青少年就労支援ネットワーク静岡」の事業は、以下のHP（https://www.sssns.org/overview/）を参考のこと。
47　吉岡秀子（2014）、前掲書。「生産年齢人口が激減する」に同内容の記述が紹介されている（244頁）。

［第9章］

48　「ローソン子会社不正、元専務ら3人逮捕へ　特別背任の疑い」『日本経済新聞』（2010年6月1日号）
49　セーブオン：かつては自社独自ブランドのコンビニエンスストアだった。「セーブオン」を展開するフランチャイザーで、最盛期には関東圏の10県で600店舗以上のセーブオン店舗を展開していた。2016年からローソンのメガフランチャイジーとなる。ローソンとは資本提携等は行われておらず、ベイシアグループのコンビニ事業会社として存続している。なお、ベイシアグループの幹部に伺ったところ、ローソンのメガフランチャイジーに事業転換後、平均日販が10万円ほど増加して、日配品などの品質が著しく改善された（例えば、弁当やおにぎりがとても美味しくなった）という。
50　小川孔輔（2015）「『社外取締役』は本当に必要か」『新潮45』（7月号）
51　「東証一部上場企業社外取締役・監査役兼任番付」『ZAITEN』（2014年7月号）
52　奥谷禮子：1974年甲南大学法学部卒業。日本の高度経済成長期に伴い、日本航空が年間500名以上の客室乗務員を採用した時代に客室乗務員として入社。その後、1982年に同僚6人と人材派遣会社ザ・アールを設立。故堤清二セゾングループ代表との縁で、セゾングループが設立した人材派遣会社ウイル（2009年にアイングに吸収合併）の社長を兼務した。2002年5月にローソンの社外取締役に就任、15年近く務めた。

53　秋山咲恵：1987年京都大学法学部卒業後、アンダーセン・コンサルティング（現・アクセンチュア）を経て、94年株式会社サキコーポレーション創業。携帯電話やノートパソコンなど電子機器のプリント基板検査ロボットを開発・販売。業界後発ながら、独創的な技術で世界2位のシェアを誇る。2014年にローソンの社外取締役に就任。2018年まで務めた。

［第10章］

54　井出留美（2016）『賞味期限のウソ』幻冬舎新書
55　この記述は、田中陽（2019）「ローソンの『未来』を占う愛媛と沖縄の『民力』」『日本経済新聞』（6月7日）を参考にした。一部は、そのまま引用した。
56　田中編集委員が引用しているアイデア（シミュレーションの試算結果）は、小川孔輔（2019）『「値づけ」の思考法』（日本実業出版社）に転載されている（はじめに「コンビニ大手2社はなぜ弁当の値引き率を5％にしたのか？」、1～10頁）。
57　日本フランチャイズチェーン協会（2023）『フォローアップ調査』には、コンビニ7社の対応が紹介されている。
58　小川孔輔（2019）、前掲書
59　本節は、筆者の個人ブログ「4月1日は、コンビニのパラダイムチェンジの日：『コンビニの未来、値引きは正義』」に基づいて書かれている。
60　豊田健一郎（2020）「『見切りは正義』コンビニの未来　ローソンFC発」『日経MJ』（4月5日号）
61　この点に関しては、小川孔輔「【書評】藤原辰史（2018）『給食の歴史』岩波新書」2023年8月21日（https://kosuke-ogawa.com/?p=12361）を参照のこと。

［第11章］

62 藤田太郎（2022）「『アバター導入で〝誰もが働ける店舗〟を実現』ローソン竹増社長」『日経ビジネス』（12月26日号）
63 「ローソン『環境配慮店』を年内展開へ…電力はすべて再エネ、弁当・総菜の廃棄ゼロ」『読売新聞』（2022年1月1日号）で記事になっている。
64 月生田和樹「みんなが幸せだと自分もうれしい。底抜けに優しい法務部長の夢とチャレンジ［前編］」『ローソングループ公式ｎｏｔｅ』（2022年12月26日）
65 月生田和樹「みんなが幸せだと自分もうれしい。底抜けに優しい法務部長の夢とチャレンジ［後編］」『ローソングループ公式ｎｏｔｅ』（2023年1月10日）。記事に編集を加えている。

［第12章］

66 小川の個人Instagram（2023年5月13日）（https://www.instagram.com/p/CsKPBj0SNDD/?img_index=1）
67 宮田裕介（2023）「ローソン、書店空白地域に100店計画　本の灯を守る『20坪戦略』」『朝日新聞デジタル』（4月22日）
68 「一般財団法人出版文化産業振興財団（ＪＰＩＣ）」の調査（2024年3月）によると、書店がひとつもない「書店ゼロ」の市区町村は全国で27・7％となっている。

［エピローグ］

69 「株式会社ローソン　2023年度 決算説明会」の配付資料（2024年4月11日）
70 「京都府立府民の森ひよし」は、日吉ダム周辺環境整備計画（地域に開かれたダム整備計画）において「森のゾーン」として位置づけられている。体験・学習・実践活動を通じて、自然・歴史・文化とふれあう場を提供することを基本理念としている。ローソンは、キャンプ場を含む一帯を、「ハピろー！の森 京都」と命名した。

［付録］

71　この論考は、同名のシンポジウム（パネラー：ローソン・玉塚元一社長、カインズ・土屋裕雅社長、青山フラワーマーケット・井上英明社長、司会：小川孔輔・法政大学大学院教授、ＪＦＭＡ会長）で配付した小川のメモ（２０１６年1月）が元になっている。後半部分ではローソンの躍進を予言している。なお、当然のことながら、コンビニエンスストアに関する統計データなどは、論考の初出（２０１６年）当時のものである。
72　経済産業省『商業統計』、日本フランチャイズチェーン協会『コンビニエンスストア統計調査』などを参考に作成した。
73　村田沙耶香（２０１６）『コンビニ人間』文藝春秋
74　三宮貞雄（２０１６）『コンビニ店長の残酷日記』小学館

参考文献

池田信太朗（２０１２）『個を動かす　新浪剛史　ローソン作り直しの10年』日経ＢＰ社
石井良明（２０１６）『成城石井の創業　そして成城石井はブランドになった』日本経済新聞出版社
上阪徹（２０１５）『なぜ今ＬＡＷＳＯＮが「とにかく面白い」のか?』あさ出版
梅澤伸嘉（２００１）『長期ナンバーワン商品の法則』ダイヤモンド社
小川孔輔（２０１５）『マクドナルド　失敗の本質：賞味期限切れのビジネスモデル』東洋経済新報社
〃（２０１１）『ブランド戦略の実際〈第2版〉』日経文庫
〃（２０１９）『「値づけ」の思考法』日本実業出版社
恩蔵直人（１９９７）『製品開発の戦略論理』文一総合出版
加藤直美（２０１２）『コンビニと日本人　なぜこの国の「文化」となったのか』祥伝社
川辺信雄（１９９４）『セブン-イレブンの経営史　日米企業・経営力の逆転』有斐閣
金顕哲（２００１）『コンビニエンス・ストア業態の革新』有斐閣
小池一夫（２０１３）『ホット&クール！　ローソンのソーシャル・キャラクター戦略』小池書院
三宮貞雄（２０１６）『コンビニ店長の残酷日記』小学館
嶋口充輝・竹内弘高・片平秀貴・石井淳蔵編著（１９９８）『マーケティング革新の時代：第4巻　営業・流通革新』有斐閣
杉本貴司（２０２４）『ユニクロ』日本経済新聞出版

鈴木敏文（２０１４）『挑戦 我がロマン：私の履歴書』日本経済新聞出版
田中陽（２００６）『セブン‐イレブン　覇者の奥義』日本経済新聞出版
〃（２０１２）『セブン‐イレブン　終わりなき革新』日経ビジネス人文庫
ハトコ（２０１５）『ひみつのローソンスイーツ開発室』ＫＡＤＯＫＡＷＡ／メディアファクトリー
村田沙耶香（２０１６）『コンビニ人間』文藝春秋
柳井正（２０１５）『経営者になるためのノート』ＰＨＰ研究所
矢作敏行（１９９４）『コンビニエンス・ストア・システムの革新性』日本経済新聞出版
吉岡秀子（２０１０）『砂漠で梨をつくる　ローソン改革２９４０日』朝日新聞出版
〃（２０１４）『プロ経営者　新浪剛史：ローソン再生、そしてサントリーへ』朝日新聞出版
流通産業研究所編（１９８１）『ショッピングセンター：立地とマーチャンダイジングのモデル分析』リブロポート
ローソン25周年史編纂委員会（２０１５）『ローソン25周年史　Lawson's History　飛翔編』株式会社ローソン
『ローソン25周年史　Lawson's History　挑戦編』株式会社ローソン
渡辺仁（２００９）『セブン‐イレブンの罠』金曜日

装丁――おおうちおさむ

〈著者略歴〉

小川孔輔（おがわ・こうすけ）

1951年秋田県能代市生まれ。経営学者。エッセイスト。

日本フローラルマーケティング協会会長（創設者）、有限会社オフィスわん代表取締役、公益財団法人ランナーズ財団評議員。

1974年東京大学経済学部卒業、同大学院進学。1976年法政大学経営学部研究助手、講師（77年）、助教授（79年）。1982年カリフォルニア大学バークレー校留学（～84年）。1986年法政大学経営学部教授（～2010年）。2004年から、学部兼任で同校経営大学院イノベーションマネジメント研究科教授（～2022年）。2022年から同校名誉教授。

著書に、『ブランド戦略の実際』『マネジメントテキスト　マーケティング入門』『しまむらとヤオコー』『マクドナルド 失敗の本質』『わんすけ先生、消防団員になる。』『青いりんごの物語』『True North リーダーたちの羅針盤』など全53冊の著書、編著及び訳書がある。

ローソン

2025年4月2日　第1版第1刷発行

著　者　小　川　孔　輔
発行者　村　上　雅　基
発行所　株式会社ＰＨＰ研究所
京都本部　〒601-8411　京都市南区西九条北ノ内町11
教育企画部　☎075-681-5040（編集）
東京本部　〒135-8137　江東区豊洲5-6-52
普及部　☎03-3520-9630（販売）
PHP INTERFACE　https://www.php.co.jp/
制作協力
組　版　株式会社PHPエディターズ・グループ
印刷所　株　式　会　社　光　邦
製本所　東京美術紙工協業組合

ISBN978-4-569-85892-0